JN116347

はじめまして

『久しぶり、明日ひま？
緒にご飯食べよう』
電話の翌日
んと会いに来てくれたのは
馴染の親友
技のトップアスリートでもある
彼女、近くに住んでるわけではない
〇kmほどは離れた
列島の反対側に家がある

仕事とかのついでかな～と
なんとなく思っていたら
『いや、会いに来た
ふみとご飯食べに来た』
さらっと普通のことのように言う彼女
そのとき妊娠だいたい六ヵ月くらい
ふっくら丸くなったお腹で
交代しながら車を運転してきたらしい
特別な報告とか相談とかが
あったわけでもなく
友だちとの久しぶりのご飯
そんな感じ（笑）

なんだそれ

「最高」以外の言葉が見つからない

はじめまして

「久しぶり、明日ひま？」
「一緒にご飯食べよう」
そんな電話の翌日
旦那ちゃんと会いに来てくれたのは
私の幼馴染の親友
ある競技のトップアスリートでもある
その彼女、近くに住んでるわけではない
五〇〇㎞ほどは離れた
日本列島の反対側に家がある

仕事とかのついでかな～と
なんとなく思っていたら
「じゃ、会いに来た
ふたりとご飯食べに来た」
ちょっと普通のことのように言う彼女
そのとき妊娠だいたい六ヵ月くらい
ふっくらまるくなったお腹で
交代しながら車を運転してきたらしい
特別な報告とか相談とかが
あったわけでもなく
友だちとの久しぶりのご飯
そんな感じ（笑）
なんだそれ
「最高」以外の言葉が見つからない

レストランのシェフに
全部しっかり火を通してください
そんな申し訳ないお願いをして
とびっきり愉しい夜を過ごした

*

アスリートの感覚って
やっぱりちょっと（だいぶ）狂ってる
一般の「常識」とかいわれる
その枠を
かれらアスリートは
たぶん知らない
いや、ルールとか規則とか
そういう存在は誰よりもわかってるはずなんだけど
常識はというと、ない（笑）

かといって
非常識な人間だと言いたいわけじゃない
ふつう
友だちとご飯食べたいなって思って
五〇〇㎞も車で往復しようと思いつく？
しかも妊婦さん

いや、わたしなら、やってしまうかも・・・
そう思ったひとがいたら
気質はアスリートと同類かも（笑）
競技経験とかにかかわらず

アスリートって
目的のためなら
一般的な常識のラインを

常識はいらない、ない（笑）
そういう存在は誰もがわかっているはずなんだけれど
いや、ルールとか規則とか
たぶん知らない
わからアスリートは
その枠を
一般の「常識」といわれる
めいはっちょいと（だいぶ）狂っている
アスリートの感覚って

*

とびっきり愉しい夜を過ごした
そんな申し訳ないお願いをして
全部しっかり火を通してくださいね

一般的な常識のルールを
目的のためなら
アスリートって
競技経験とかにかかわらず
気質はアスリートと同類かも（笑）
そう思ったことがいたら
いや、わかったなら、めいってしまうかも・・・
しかも妊婦さん
五〇〇円も車で往復しようと思いつつ
友だちとご飯食べたいなって思って
ぶつつ
非常識な人間だと言いたいわけじゃない
かといって

平気で飛び越えていっちゃういきもの
だってそれこそが
勝負の世界で必要とされること

当たり前を当たり前のままにいたら
いつまでたっても新記録は出ない
金メダリストも変わらない
新しい技や身体能力やパフォーマンスは
いつも常識ではないところから生まれる

※

これきっと
スポーツの世界に限ったことではない

それが日常になったら
友だちとご飯食べたいと思ったら
前日にでも電話するし
陸続きなんだから
五〇〇km離れてても
車で行きたいと思ったら
そういう結論になる（笑）
『妊婦の身体でよく来ようと思ったね！』
『生まれた後よりよくない？』（笑）
やっぱり思考回路オカシイ
そういう彼女だから
わたしは居心地がいいんだ

常識なんてどっちでもいい
そんな、オカシイこといっぱいだけど
だからこそ勝負の世界はオモシロイ

わたしも
剣道の練習はけっこう頑張ってきた
もちろん日本一を目指して

真剣だったその日常は
いま振り返ると
もう、ネタが出てくる、出てくる（笑）

酒の肴というか、笑いの種というか、
なんというか
とにかく出揃いました

一風変わったオカシイ世界
ちょっと覗いていきませんか

中島郁子

素顔のアスリート

中島登子
Touko Nakajima
編

木立の文庫

さて、お立合いのみなさま！

こんにちは！（アスリートらしく、挨拶は大きな声で、はっきりと）

この本を手にとってくださって、ありがとうございます。この本は、アスリートの、アスリートによる、アスリート（と、彼らを応援する人）のための本です。

昨今、さまざまなメディアでアスリートの生の声がとりあげられるようになって、競技する姿やその結果だけではなく、彼らの日常や考え方が身近になってきました。でも、皆さま、彼らの「素顔」に触れたことはないのではないでしょうか？　アスリートへの関心が高まるなか、私たち元アスリートとしては、彼らのオフィシャルではない本音や、下積みのことや、人間関係なども紹介したく、この本を企画しました。

皆さまの目にとまるアスリートの姿は、各国のトップリーグや、世界的なトーナメントや、話題の「祭典」のように、華々しい面が印象に強いと思いますが、想像に難くないように、頂点に立つのは結果であって、その過程がすさまじい……。すさまじい鍛錬は、度を超しているように見えますが、本気で世界を目指していると、度を超えるのがフツウです。また、レヴェルが上がると、ほんとうの意味ではハラスメントが生じるはずはないことも、おわかり頂けるのではないかと思います。

この本はエピソードで出来ています。アスリートのウラガワ（ウチガワ）の、内緒の話というか、聞かれたくない話というか……いや、ほんとうに！　本音ばかりが集められているのです。

エピソード提供者の元アスリート（現役もいます）には、「実際に自分自身に起こったこと、見たことを書いてください」「ただし、チーム名はわからないようにしてください」そして「ぜったいに本音を語ってください！」という、とってもむつかしい無理なお願いをしました。そうやって必死で集めた、アスリート当事者のエピソード集です。

そうして実体験や本音を語ってくださった著者は、いまは皆、心の癒しを仕事にしておられます（編者の都合でそうなってしまいました）。さまざまな分野で活躍されています。なかには大学教授もおられます。大事なのは、皆ある時期、日本一や世界大会を目指して、一生懸命に競技をしていた経験の持ち主であることです。

自分自身が日本一には届かなくとも、所属チームが全日本常連のトップチームだったり……、あるカテゴリーで地域の頂点に立っていたり……、中学・高校で全国クラスの強豪校だったり……、大学・社会人のトップチームだったり……、そしてプロを目指していたり……。実際には「自分が頂点に立つ」より、「頂点のチームでプレーする」ことのほうがたいへんなことも、この本を読んで下さってわかって頂けるとうれしいです。

編者の期待どおり、チームの内情や自身のこころの内をそのまま暴露してくれています。「きれいごと」に書き直したりは、決してしていません！　すべて本物です（ただし心理臨床の専門家らしく、事実を曲げずに個人が特定されないように記述されてはいます）。結果として、総勢十四名の著者メンバーの背景や現状の多様性はもちろん、種目や年代を超越した、かなり珍しいエピソード集となりました。

なにはともあれ読んでみてください。

ホンモノを知りたい方こそいらっしゃい、です。ちょっと覗いてみたい方も大歓迎です。彼らの真のスゴさと、理不尽に見えるエピソードの背景にある意味を存分に味わってくださると、アスリートの存在が、かれらの一挙手一投足が、違って見えるはずです。

では、また、のちほど。

編者

もくじ

鍛える　19

超える　43

わたしたちの平凡な日常

わたしたちの平凡な日常

入門者は、規律正しく生活することを求められます。ちょっと変だけど、ちょっと憧れの世界？「そんなの、ちょっと……ウソでしょ」というようなことが、ふんだんにある日常！

この門をたたくのは、日本一を味わいたいから、世界に羽ばたきたいから、頂点に立つ場でどれだけ通用するか自分を試したいから、なんですよね。

でもねぇ……ちょっとだけ？なら楽しいのですが、毎日毎日となると、おかしくなりそうになるんです。あー、もーすでにおかしくなっているかもねぇ。

ピンポンパンポン

当時、学生寮に住んでいた。

入学してしばらく、学校にも寮生活にも少し慣れた頃。授業後、部活が終わると、学生食堂で夕飯を食べ、寮に帰る生活だった。三人の相部屋。宿題をしたりラジオを聞いたり友達と喋ったりして過ごしていると、時折、ピンポンパンポンと放送のチャイムが鳴る。携帯電話がない時代、寮生に電話がかかってくると、電話当番が取って、本人を放送で呼び出すというシステムだった。その時のチャイムも「誰かに電話だろう」と思った。が。

『空手道部の一年生、空手道部の一年生、売店前に集合するように』

二年生の先輩のようだ。なんだろう？　練習がんばってるから、なにか奢ってくれるのかな。売店まだ開いてたっけ？　てけてけと歩いて、売店前へ。《なんだろね》と同級生に話しかけようとして、口をつぐんだ。

なんだか空気が険しい。しかも二年生の先輩が勢揃いしてる……。

『おまえら集合遅い！』

いきなり怒られて、首をすくめるかすくめないか、という間に、

『正座!!』

屋外、であるのみならず砂利の上。おずおず、と、腰を落としはじめるわれら一年生。

『早くしろ！』

いまだに訳がわからないまま、とにかく正座する。何が始まるんだろう。

二年生のひとりが口火を切った。

『おまえら、昼間のあれはなんだ！』

「あれ」がどれで「なんだ」が何だか、さっぱりわからない。

わからないままお説教は続く。

『返事は!!』
《ハイ》
『はいじゃない！　押忍だ!!』
《おす》
『声が小さい!!』
《押忍っ!!》

お説教の項目は、声が小さいだの、動きが遅いだの、先輩へのお茶の出し方がなってないだの……。もちろん一年生は、項目がひとつ終わるごとに返事をしなきゃいけない。夜の売店前に響く《押忍！》の連呼。ほかの寮生が近くを通るが、二年生以上は「あー、今年もやってる、空手部」と、気にもしない。

やっと、お説教が終わった。

と思ったら、今度は別の先輩が話し始めた。

『おまえら……』

以下、ほぼ同内容。ふたたび《押忍》の連呼。足、痛い。

これが、二年生全員八人分、続いた。

『おまえら明日から、ちゃんとやれよ！』

《押忍っ!!》

『じゃあこれで解散。……おまえら、急に立つなよ。危ないぞ』

(危ないの、誰のせいです？　それに、「ちゃんとやれ」って言われたって、足が痛くて、何を言われたか覚えちゃいません……)

後で知ったのだが、この行事、部内で「正座会」という名称までちゃんと付いていた。以降もときどき、ピンポンパンポンで開催された。しばらくすると一年生も「そろそろ来るぞ」と勘を働かせるようになり、少しでも砂利が少なそうなスペースに目星をつけておくなどという、いじましい努力をするのだった。でもこの頃の私は、たるんでいるこころあたりがなくても、「先輩たちがこれだけ怒るんだから、自分はできてないんだろう」と、真剣に反省していた。

非常事態

一九九五年一月一七日五時四六分五二秒、兵庫県の淡路島北部沖の明石海峡を震源として、マグニチュード七・三の兵庫県南部地震が起きた。僕は大阪で下宿していた。大きな横揺れ・縦揺れに正気を失いそうになりながらも、「缶コーヒー」を買いにアパートを跳び出そうとした。しかし、激しい揺れに再び布団に潜った。なぜ「缶コーヒー」のために跳び出そうとしたのかは、わからない。

そんな朝を迎えて僕が大学へ向かうと、体育館の屋根は落ち、さすがに休講となった。そしてサッカー部の練習もなくなった。

日本中が非常事態に陥ったにも関わらず、部員の一人が、自転車で山をふたつ越えて、「練習を休んではいけない」との一心で、七時間かけて夕方、登校した。きっと彼にとっては、練習を休むことの方が「非常事態」だったのだろう。

えっほ、えっほ

当時、全国優勝を重ねていた男子〇〇部は、教室間などの移動はすべて部員どうしが二列に隊を組んで「えっほ、えっほ」と掛け声を出し合いながら走って移動しなければならないようだった。

おは-よう-ございます

必要な作法をいくつか挙げよう。

練習前グラウンド入りする先輩を見つけるが早いか発声する。一年生みんなで、なに（道具の準備、グラウンド整備ほか）をしていようが、いくつかあるグラウンドへの入口の方向を「手分けして見張る」ことになる。そうして、先輩のグラウンド入りに合わせて発声（こんにちは・おはようございますなど）する。またこれが、バラバラだと（あとで）怒られる。だから、最初の「おは」で方向が決まり、「よう」で発声が重なる。「ございます」で見事にそろって、途切れなく挨拶ができていなければならない。

まさに神業。知らない人が聞いていると、最初から先輩が来られた方向に一年生全員が「気を付け」の姿勢で、先輩に向かって《おはようございます！》ときれいにそろって挨拶をしている、ように見えるだろう。

次は何をしたらいいですか

中学に上がり、部活で気に入らない後輩がいれば「きつい練習」が与えられる。私は中学二年生のとき、気の強い先輩から、ランニングを普段の倍以上課せられた。時間内には終わりようのない量のランニング。

それは、放課後の委員会か何かで練習に遅れて行ったときだった。そのランニングをペナルティとは気づかず、練習メニューだと信じて疑わなかった私は、残された時間内に走り切らないと、という思いで、言われた距離を全力で走り切り、ぜえぜえ言いながら先輩に終わった旨の報告をした。そして《次は何をしたらいいですか》と、当然のように訊ねた。先輩は、滅入っている姿を予想していたのだろう、私の態度に目を丸くした。

おねがいします

荷物持ちは一年生の大事な仕事。先輩に（チームの）荷物を持たせる、など考えられない。荷物を持っている先輩の傍らに行って《おねがいします！》と言う。先輩自身の荷物であっても、である。まかり間違って《お荷物お持ちします》などと言おうものなら、たいへんなことになる。荷物を持つのは一年生の〝仕事〟なのだから「お持ちします」はおかしい。

先輩の方も、一年生に持たせる（などと考える）人ばかりではないから、『いいよ、自分のだから』と言われる場合もある。それへの対応もすでに準備されている。もう一度「お願いします」と言え、ということになっている。これを少なくとも三回は繰り返せ、というのである。先輩が、本気で（自分で持つから）いいと言っているのか、遠慮（または自分の信念で、またはやさしさ？　オヤジ〔監督〕が近くで見ているから？）で、いいよと言っているのかを、しっかり見極めるのである。これ(先輩の本心)を見誤ると、またたいへんなことになる……。そんなだから、たとえば他人に見える路上で怒られているときなどは、怒っている先輩の顔を立てるのが本筋だから、怒られているような態度はとらない、ということになる。言われてやるのではない。『言わなくともわかるでしょう』と、よく言われた。そのうち「いろんな配慮をするのが一年生として当然」というふうに考えるようになる。これもひとつの訓練だろうか。

かかっていく

剣道では「掛かり稽古」という、肉体的にも精神的にもそれはそれは辛い練習がある。掛かる側は元立ち(打たせる側)の打突部位を打ちに行くのだが、打突の途中で竹刀をいなされ体勢を崩されることもある。それでも再び体勢を整えて打って行く。これが「度を超える稽古（しごき?・）」となると（元立ちは先輩）、恐ろしい事態になる。正当な突きの部位とは関係なく竹刀で突き飛ばされ、転ばされ、フラフラの状態となり、体力・気力の限界までこれが続く。

それはいつ「度を超える稽古」に変わるのだろう。それは先輩の気分次第。掛かる側の気合が足りない（と先輩が感じた）とき。稽古中なにか気分を害したとき（掛かる側にはたぶん本当の理由はわからないが、先輩の様子の変化には気づく）。稽古外でイライラしていたとき（掛かる側にはまったく理由がわからない。でも最初から嫌な予感はしている）。そういうとき、自分たちには地獄が続く。その先輩との稽古が終わると、すぐに次の先輩との稽古が待っている。もうフラフラ状態なので、「気合が足りない」という理由でまた稽古が続く。

恐ろしさは次の日も続く。同じ先輩に一番に稽古をお願いするという掟があるからだ。たとえ一番に掛かっても、ほぼ同じような稽古が続く。

それでも、かかっていく

スポーツの世界では監督の言うことは絶対だ。監督が終わりと言うまで、稽古は終わらない。剣道では、監督が一本と認めない技は一本にならない。

ドーンという太鼓の音で稽古が始まったり終わったりする。稽古でいちばんつらいのが「掛かり稽古」だ。剣道の技の稽古は、相手がいないと成立しない。だから二人ペアになる場面が多い。一対多数の稽古もあるけど。二人のうち片方が技を仕掛けるとしたら、もう片方は元立ちと言って、技を受ける側（と言っても、受けるにも絶妙なコツがいる）だ。

掛かり稽古では、とにかく技を出し続けるから、掛かる方の疲労は半端ない。監督（時には先輩）が、やめの合図をするまで、とにかく続けなければならない。面を打って抜け、

また振り向いて小手面を打って抜け、さらに面を打って体当たりから引き面、再び面を打って……と、何分も続くと、腕が上がらなくなって足も動かなくなって、ひたすら面を打つか、ただ走り抜けるだけになる時もある。呼吸が苦しくなって、足がもつれてひっくり返るときもある。

そんなとき、太鼓のバチを監督が握る！「あ、終われる！」と、こころの底から歓喜する。でも、そこからが長い。バチを握りながら、したり顔で掛かり稽古の様子を見ている。ひたすら見ている。とにかく見ている。はじめは「早く太鼓叩いてくれー」とこころのなかで叫んでいる程度だが、だんだん「このくそったれ！　バカか！　ブッ殺してやる!!」と、悪態のオンパレード。

そうこうしていると、監督はぷらぷら歩き出して外を見ていたりする。太鼓から遥か離れて座っていたりする。私はときどき《メーン!!!》の声のあいだに《バーカーぁぁ!!!》と叫ぶ。わからないようにカモフラージュして……。

元立ちが『頑張れ』と声をかけてくれても、開いた口が嘲笑っているように見える！　実際、元立ち次第で疲れ方が違う。コンチクショー！　このヘタクソー!!。

そしてついに太鼓が鳴る時が来る。

「やった、終わったー」「もう嫌！　もう嫌だ!!」

それを見透かしたように、監督が『もういっかぁーい!!』と元気よく太鼓を叩く。ドォオォン！　死ねー!!。

ふたつの血液型

袴のたたみ方、面手ぬぐいのアイロンのかけ方、道衣の干し方、防具のしまい方、竹刀の弦の結び方、すべて事細かに、手順も角度も幅も何もかも決まっている。リズムがあるから、それが少しでもズレたら、もう気持わるくて耐えられない。だから他人には絶対、頼まない（というより、基本的に触って欲しくない）。もう二十年近く、ほとんどそれは変わらない。それより前は覚えていない（笑）。

一転、剣道以外のところは、どっちでも、なんでも、だいたいのことはとくに気にしない。基本的にはほとんどこだわらない。だからいつも、剣道関係者には血液型を言い当てられるが、剣道以外の知り合いからは、ほとんど当てられたことがない。さて、わたしの血液型、わかりました？

きょう、出て来られるかなー

先輩や上司や師匠からの、多岐にわたる突発的な誘いや、お願いや、仕事の依頼……。それらに対するアスリートの返事は、「はい」か「イエス」という共通語しか存在しない。考えるとか、迷うとか、そういうカードは残念ながら持ち合わせていない。そういう世界である。それでも一応は、なぜか質問形式で投げかけられるのである。断るわけないって、そっちもわかってるんでしょ？　とは、もちろん言えない。「イエス」を選択するのはこちら側なのである。

鍛える

鍛える

ひたすら鍛える。基礎から繰り返し鍛え上げます。来るべき本番（大切な試合）を想像しながら自分を鍛える日々は、自分と闘う日々でもあります。ライバルの顔が浮かんで、また今日もひたすら耐えるのは、負けたくないからですね。

そのうち「何のために」とか「誰のために」とかを忘れてしまっても、鍛える日々は変わりません。自分との闘いは続きます。他人のことをかまっている暇はないほど、自分を鍛えることに忙しいのです。自分のことしか考えていないとも言えますが、そうでないとトップにはなれません!!

仕事だから

かかりきり

部活には係がいくつも決められていた。主将・副主将のほかに、食事・会計・学連・ユニフォーム係・ボール（道具）係など、こと細かに決められていた。私はそのなかで三年間、ペット係だった。競技場に迷い込んできた野良犬と野良猫が飼われていたのである。名前をつけ、首輪をつけて、餌をやるが、犬と猫は放し飼いだった。

私は餌の時間になるといつも犬の名前を大きく呼ぶ。他の誰が呼んでも来ないが、私が呼べば犬は来る。猫はネコ砂でトイレを済ませ、私が餌箱に寄

っていくと集まって来た。一時は二〇匹ぐらいに増えたものだ。当時は去勢することを知らなかったため、毎年、猫が増えた時期があった。みんながパソコンを前にカタカタと作業したり食事の献立を考えているあいだ、私は犬と猫の世話や餌などを準備する係。

やりなおし

毎日、昼休みの一時間は一年生全員でグラウンド整備。トンボを引いて土を均すのでなく、デコボコに窪んだ固い土をガリガリ削りながら、ひたすら進む。夕方の練習時間には、風が吹いても砂煙の立たないフカフカの土の状態にしておかなければならなかったので、昼休みの時点で全体に水を撒いておく。土が乾き過ぎても、湿り過ぎてもダメ。練習時間に先輩が来るとき、一年生に緊張が走る。グラウンドの状態が先輩のお気に召さなければ即刻やり直しとなる。

その指示が四年生から直接おりてくることはない。四年生から三年生に不満が漏らされると、三年生から二年生に「一年にやり直させろ」と指示が飛び、二年生から一年生に細かな指示が出るという具合だった。

必要なこと

新入生の私たちに与えられた使命と仕事は、以下のとおり。挨拶、荷物持ち、グラウンド整備。とくに言われたのは、「先輩方が気持よく試合に全力で向かうために必要なことは、すべてやれ」ということだった。

必要なことは、体のケアも含めて、すべてやることになる。「練習環境を整える」ことが何より優先された。たとえば、試合帯同の夜のマッサージ、買い出し、試合中に必要な物資の準備などには気を遣った。一年生でもレギュラーはいるので、皆で協力してさまざまな仕事をする。

フルーツ缶詰

同じポジションの先輩のジャージなどの洗濯はもちろん、荷物運びなどはすべて一年生の仕事だった。合宿には、数十個のフルーツ缶詰を自腹で購入して持ち込み、先輩の分まで毎回、食卓に出すことになっていた。だが合宿の帰りのバスに乗り込む直前に、担当の先輩からスーパーの袋いっぱいの飲み物やお菓子類が贈られた。

逆転の法則

体育会系の部活に所属するアスリートもれっきとした大学生なので、スポーツをする傍ら、単位を取得し卒業を目指す。基本的には、学年が進むにつれて専門知識が増え、学びを深め、そして四年間の集大成として卒業論文を仕上げて卒業となる。しかし、これと逆行する現象も、某大学の○○部には起きていた。

『いま卒論、書いてる』と言う一年生。本来四年目で書くはずの卒業論文を一年目に書いているのである。ただし、自分の卒論ではない……。○○部では代々、四年生と一年生がペアとなり、四年生のレポートや卒論を一年生が書くことになっていて、さらに二年生と三年生もペアになり、三年生のレポートは二年生が書く。本来のカリキュラムどおりでなく一年目で卒論と共通科目を、二年目に専門科目と専門基礎科目を履修しているわけである。さて結果として、一年生のときがいちばん力がつく。

失礼します

一年生は上級生に囲まれて食事を摂る。自分が見える範囲の先輩のお茶や調味料は一年生の仕事。お茶がコップの半分をきったら、《失礼します》と言ってお茶を注ぐ。気づかないままお茶が完全になくなったらアウト。先輩が『もうお茶はいらない』と言うところまで、自分の食事を摂りながら、あたりを見渡すのが役割である。

調味料は座席についたときに確認する。《調味料は何にされますか?》と先輩に聞くと、『酢と醤油』とか『マヨネーズ』などと言われ、取りに行く。

これが上下関係というもので…

連帯責任

練習場に入るときやウォーミングアップでの「掛け声」。

男性のような低い声で言わなければならない。私はプロレスラーになったイメージで低く声を張り上げる。一年生の誰かが女子らしい高い声でいうものなら、『もっと低く！』と、すぐ注意が入り、連帯責任でほかの一年生も怒られる。

他に、練習用具の準備、お茶の準備、練習中の気働きなどを一年生が担うが、一年生同士の連携がうまくいかなければ、また『気が遣えない』と怒られる。失敗は許されない。

最初はお客さん

入部が決まっている新入生は、春の合宿に参加しなければならない。拒否してもいいのだろうが、そうすると選手としてメンバー入りするのはほとんど諦めなければならないから、誘われれば「喜んで」参加する。入学前だから一年生は「お客さん」であり、この間〝仕事〟はさせてもらえない。ただ、コマ鼠のように動き回る先輩たちを、複雑な思いで眺めるばかりである。

そして入学式。夢を追う新入生には、その日から「地獄」が始まるのだ。いちばん早くグラウンドに入って整備や道具の管理。挨拶などは言うに及ばず、立ち方、姿勢、立つ位置、方向、目線、顔の表情から、どこを見るかまで「教え」られるし、挨拶ひとつでも、声の出し方、複数での声のそろえ方、語尾、身体の向き、倒し方、指先まで、こと細かに「教え」られる。カタチだけではない、こころがこもってないように見えると、余計に怒られる。言われたことを完璧にやるのは無理だから、どうあがいても怒られるのだが、かといって手を抜くなんて……ことはありえない！。口で怒られるだけではない。ほぼ毎日、正座。最低一時間、長ければ三時間、初めはなにを怒られているかわからない。なにをしても怒られる。『「お客さん」のときになにを見てたのか！』と怒られる。座る場所に小石がごろごろしていたり、する。とにかく座る。考える余裕などない。

二年生は黙って

なにかしら不都合や、ミスや、なにかが、われわれ一年生にあって（かどうかわからない）、二年生に言われて謝りに行っても、四年生は『いいよ、いいよ！　そんなことくらい』と言った。こりゃすごい、「大きな人たち」だと感じていた。チーム全体のことや、いかに勝つか、の他には考えてないのだと思った。この四年生の人たちになら、どこまでもついていける、と思った。

三年生は、われわれにミスがあって同様に《申しわけありませんでした》と謝りに行くと、ほとんど何も言わずに、うなずき、もし言うことがあっても、「そんなふうにしていると、こうなるから、こうしたほうが……」などと、理屈で教えてくれる。三年生にもなると偉いものだ、と考えていた。遠い存在だったが、信頼できる先輩たちだと思えたのである。

それに比べて二年生……。毎日同じことを、繰り返し繰り返し注意するだけ、理屈は言わない（言えないんだと思っていた）。ただひたすら同じことを言われる。同級生はある先

あるチームでは、チーム全員がグラウンドにいる間じゅう、踵を地面に着けてはいけない、というルールがありました。全日本で何度も優勝したチームのことです。また、ある高校のある部では、踵を着けてはいけないということで、履き物の後ろを切って穿いていた、とも聞いています。

輩に「壊れたテープレコーダー」というあだ名をつけていた。どうでもいいと思えるような注意。挨拶をしていないとか、（先輩を）見逃したとか、声が揃っていないとか、先輩の前を通るときに《失礼します》を言うタイミングがダメだとか、グラウンド整備や道具整備「ちゃんとしてるの？」とか……。

そしてついにわれわれにも、もうすぐ二年生という時がくる。

集合がかかった。二年生と、今までとまったく違う雰囲気で、次に入ってくる一年生の指導について話し合う機会をもった。ん？　今までのあれはなんだったんだ？　そのときに初めて、二年生の先輩たちの人間味やら、賢さやら、考えの深さやらを味わったのである。なんということ。馬鹿はわれわれだったことがわかった。

それからもうしばらくして、その二年生が、私たちが入学してくる前に自分たちで話し合って「今度の一年生には、自分たちが味わったことはしないでおこう」と決めたのだ、ということがわかった。じつは、私たちが入学する前年にほんとうに酷いことがおこなわれていて、何人もの先輩方が辞めたのだと卒業生の先輩から知らされた。そういえば……と、そのときはっきりと気がついた（遅い！）が、われわれが一年生のとき一四名入部、前期で一一名になったが、その後は卒業までその人数だった。退部は病気理由が二名だった。そのとき四年生三名、三年生四名、二年生三名（他に短大生）であった。この少なさには理由があったわけだが、二年生はついに、自分たちからわれわれに話すことはなかった。われわれの学年以降、多くの部員が途中で辞めることはなくなった。

二年生は黙って…？

入部一週間を過ぎたとたん、『やれてない！』『忘れてる！』『なんで出来ないの!?』『それはするな！』と、先輩から無理難題がつぎつぎに降ってくる。なかには、それまで聞いてないことも多々含まれる。

ある日、『あんたたち！　なんでこんなことしてるの!!』と、喰いつきそうな勢いで主将が私たち一年生の輪に入ってきた。なんか、ヤバイことになっている、緊急事態だ。顔が凍りついた。

雑巾の置き場所、雑巾の濡れ具合、お茶の用意の仕方、道場のなかの歩き方、並び方……細かいところまで雷が落ちた。

《ハイ！　すみませんでした！》と言うが早いか、すぐに行動に移したのは二年生だった。そのあとを一年生が追う。二年生は黙って一年生の尻拭いをしている。（あ、二年生って、優しいんだ……）

そして稽古後、ミーティング。ひたすら二年生から嫌味を言われる。

『言ったよね。なんで覚えてないの？』

《はい、すみませんでした！》（え、聞いてないし……）

『覚える気ないんでしょ』

《いや、あります！》（だから……聞いてないでしょ……）

『〔部を〕辞めなよ、やる気ないんでしょ』

《辞めません！　やる気あります！》（マジかぁ、うるさいなぁ）

『そんなんでやっていけると思ってるわけ？』

《頑張ります！》（早く終わんねーかな）

『バカなの？』

《かもしれません!!》（はいはい、そうです）

column

モノを言うということ

もともと自分の意見をもたず、上から言われたとおりやるだけの人、の話ではない。自身の信念をもち、考える力をもって競技を続けていると、いろいろな葛藤が生じるのは当たり前で、「そこをどうするか」の話になる。先輩への礼を尽くすのは当たり前だが、いつまでも当たり前しかできない(させない)ところに大きな問題が生じる。

「先輩」や「先生」が間違っているなら、「ものを言い」たくもなる。『なにを生意気な!』と一蹴されても「命がけ」で言う。言われるほうは、「先輩」としての体面を保ちたいなら、先輩らしく、人格的にも技術も、態度も、尊敬されていればよい。ただ立場や年の差に守られた「先輩」や「指導者」などにならないよう……。

しかたないよ

憂うつ

長期休みには、遠征合宿が当たり前だった。

出発前から憂鬱で仕方ない。きっと地獄を見るに違いない。違いない！　違いない!!

エンドレス掛かり稽古、練習試合、倒れる学生、乾かない濡れた道着、マメが潰れて痛む足の裏、とかとか、とか。

もう一回

素振り八八八本。

『末広がりでめでたいだろう！』という理由で、決まった。意味不明、なんだそれ。

最後の一本（終わった〜）《はぁ〜》と安堵の声がつい漏れる。途端に『気合が足りなーい！　もういっかーい!!』。「もう一回」がない国に生まれたかった……。

夜、暗がりで

布団のなかで自然と同期どうし、口を開く。

《あいつ（監督）、死なねーかなぁ。車で事故ってさぁ、入院しないかなぁ》

《マジで。なんか洗剤とかさぁ、酒に混ぜて差し入れしたらいいんじゃね？》

《でも、あいつ人間じゃないからさぁ、車と事故っても車が壊れるんじゃね？》
《マジ、誰か殺してくんねーかなー》
《呪い殺すって、どう？》
《呪いねぇ……時間かかるわ》
《あーあ、明日の朝、起きてこないとか、ないかなぁ》
《なにしても死ななそうだよね》
《はぁ。もう逃げるしかないな》
《それしかないか》

そっと扉を開けると、廊下を歩いている監督に出くわす……。
『なんだおまえら。明日もきついぞ、早く寝ろよ』と、優しい笑顔。

寝てるか食べてるか

◯◯チームの選手は、寝てるか食べてるか練習してるかで、他の選手と交わろうとしないし遊びもしない、テレビも見ない。しかし彼らは、他のチームの選手からはリスペクトされている。仲が悪いわけではない、と聞いたことがある。つまり、必要なこと以外はしない、練習のとき以外はできる限り休む。それだけのこと。合宿だけではない。いつも勝つために必要なことをしている。自分を高めるために必要と思われることをしている、だけである。

いただきます！

冬季合宿では、全国から選手が集まってきていた。ジュニア時代からの友人たちと顔を合わせるのは、おのずと洗濯場だった。干し場の領地争いをしながら、我が部の「しきたり」を披露し合ったものである。

　合宿所では、シャリ番という食事当番を一年生が順番につとめる。決められたわずかな金額で、連日の献立と買い出し、調理を担当する（どこの部活にもあるシステムだということで、他校の話に聞き入った）。食事の配膳は、四年生から、三年、二年と順によそわれ、一年はみずから最後によそう。なにせ所帯が大きいので、場合によって一年生の順番にはごはんやおかずが足りない、なんてことが頻繁に起こるそうだ。その様子を四年生が見かけると、自分の分を一年生に

配膳のことでいうと、たとえば、熱いモノは後輩の膳部から、温度の関係ないものは上級生から、というふうに、1年時に徹底的に教えられます。逆に、生ビールなどは下からで、お客様や先生は最後です。もちろん1、2年生は20歳未満なので水のみ。とにかく形だけ「上から」の配膳をすると、夕食後にまた（説教を）食う羽目になります。

分け与えたりしてくれるのだという。

　ところがその食後には、二年生から呼び出され、厳しいお叱りを受けることになるのだという。そのため、叱られたくないので、ごはんやおかずが足りていない自分の皿には、マヨネーズやらケチャップやらを大量にかけて覆い被せて、見えなくして、「いただきます！」の号令とともに一気にかき込んで食べ終わり、その場を乗り切るのだという。

超える

超える

「自分がどう考えるか」「やっていることにどんな意味があるか」など実はどうでもいい、というふうに教えられます。私は長いあいだ、自分のモノサシなんて「ひとりよがり」の方向に狂っていると思って、自分を信じないようにしていました（後で困りましたが）。

アスリートの世界の異様な「厳しさ」や「理不尽さ」は、そのようにして、素直に、ひたすら自分と向き合える人間をつくるためのものだったのですね。でも、そう簡単にはいきません……。

新：勝利の三原則――理不尽・葛藤・不安感

出て行け

新チームになって間もなくのこと。

ある日の練習の最中、監督は『グラウンドから出ていけ！』と大声で叫んだ。私は何のことやら状況が理解できず、しばらく練習を続けていたが、今度は私の近くまで寄ってきて、『出て行けと言っただろ！』とグラウンドの外まで追いやられた。その後しばらくその場に立っていたが、監督は私を「いない者」のように扱い、紅白戦のメンバーにも入れてもらえなかった。チームメイトが監督に掛け合ってくれているようであったが、監督は（おそ

らく私にも聞こえるように）『あそこに立っていると練習の邪魔だ』と言っているのが聞こえたので、さすがの私も（こころのなかでだが）「もうやってやれるか！　辞めてやる！」と、その場から去った。

数日間、私は部活動へ行かず、放課後は時間を持て余した（そんなに早く、親のいる自宅にも帰れない！）。その後、監督から体育研究室に呼び出される。私は部活動を続けたかったが、あの日の出来事についても収まっておらず、「まだ監督が何か言ってきたら、文句を言って辞めてやる！」と半分やけくそで体研に乗り込んだ。入室して監督の机の前に立つと、説教が始まった。『なんで勝手に帰った！』『あの態度は何だ！』『大会前に何日休むんだ！』『これから最高学年だろ』『チームのことを考えたのか！』と続く。私はこころのなかで「何で帰った？　はっ？　おまえが帰れって言ったんだろ！」「あんなこと言われて、態度もくそもねーだろ！」「大会前だか、最高学年だか、チームだか、もう俺の知ったこっちゃねー！」と思っていたが、研究室の中には他の先生もいたりで、その場では何とか怒りを収めて、不貞腐れながらその場に立っていた。

最後に監督は『なんで俺がおまえにあんなことを言ったのか、おまえは俺が伝えたかったことがわかっているのか』と質問してきた。確かにそうだった。何で自分だけが言われたのか……、先輩もいなくなり気を抜いて練習している奴なら他にもいただろうし、今、考えてみても、自分の練習態度は悪いほうじゃなかったはずなのに……。「そんなもん知るか」と思いながら、《わかりません》と答えた気がする。すると監督はこういった。『あれはおまえだけに言ったんじゃない、チーム全体に言ったんだ。おまえに言うのがいちばんチーム全体に伝わると思ったんだ』、続けて、『おまえがこのチームのムードを作っている。それをもっと意識してやらないとダメだ』だと……。

まだまだ不満は残っていたが、その日から練習に復帰した。

帰れ

私は内野手。一年生だけど内野手だから前の方に守る。入学して間もない頃のこと。当然ながら前で守っていた。その夜の説教で、先輩より前で守るな（シートバッティングは別）、と言われた。明くる日、二ヵ所でフリーバッティング。グラウンドの関係で、内外野に大まかに分かれるだけで、シートにはつかない。後ろに（外野を）守っていた。

すると、ヘッドコーチ（監督ではない）から『おい、□□（私の名前）、おまえは内野だろう、なんで前に来ない、やる気がないのか、ないなら帰れ！』と厳しく言われる。いいえとは言えないので、直立不動で《ハイ！》と叫んで前に行こうとすると、先輩にじろっと睨まれた。少し後ろ目に戻る。コーチから、何やってる！　やる気がないなら帰れ！　仕方なく前に戻る。先輩と目が合って、また後ろ目に……。行ったり来たりしていると、コーチから『うろうろするな！』。

痛い痒いは言えない

一年生がピッチング練習をしているところへ、外野からの返球が逸れて飛んできて、まともにピッチャーの背中にボールが命中した。彼女は驚いたのと痛いのとで、背中に手をまわしながらその場にうずくまった。投げたのは二年生、『あ、ごめん』と言って、その場は特に何事もなく収まった。その夜の説教。『あんたねぇ、痛がるのもいい加減にしなよ。砲丸が当たったみたいに』。……かわいそう、と思ったが、同時に、練習中には何があっても痛い痒いは態度にあらわしてはいけないのだと思い知った。

どこ吹く？風…

私が心血を注いだスポーツはヨットだった。小学二年生から両親の勧めで遊びとして始めたのだが、私のなかで遊びではなくなったのは高校生になってから。この競技で「功をなそう」と思っている自分に気が付いてからが競技者としてスタートだった。ヨットという競技は、現在ではセーリングという種目名でオリンピックにも採用されているが、私が目標としたのは学生選手権だった。

ヨットは、舟に帆をつけて風だけを動力として走る乗り物で、海や湖の水面に浮標をいくつか浮かべてコースを設け、マラソンのように集団でスタートラインから一斉にスタートしコースを周回して、ゴールする着順を競う。コースを周回して着順を競うレースを複数回繰り返して、総合的な順位を競うのがレガッタ（試合）。ゴルフと同じように複数のコースのトータル順位で競い合うのが特徴だ。

ヨット競技では、速く走る艇に仕立てる技術や、艇をいかに速く走らせられるかという技術が求められる。そしてレースを展開する戦術・戦略を企て、自然環境をいかに理解し、その状況にいかに合わせられるかが勝負のポイントとなる。

風や波の強弱によって、ヨットはまるで暴れ馬のようになって、思うようには走ってくれないし、自然環境が一律であることはありえないので、「運」の要素が勝敗に大きく関わってくる。ともかく、競い合っているのは艇だから、選手はその一部分として機能する。風からエネルギーを得た艇は腕力では抑え込めないほどのエネルギーを持っているので、選手は合わせるしかないのである。

さて私は大学に入学し、競技部に所属することになり、それまで乗っていた一人乗りのヨットから二人乗りのヨットへとステップアップした。乗用車からスポーツカーに乗り換えたような感覚。私と相棒の二人はともに、小学生からヨットを続けて高校年代には全国大会で入賞を重ねた経験者だったが、二人乗りのヨットでは素人同然である。風艇を悠々と乗りこなしている先輩方に並んで走ることも精一杯だった。風が弱いなかなら思うようにごまかせることも、風が強くなってくると、艇はまさにじゃじゃ馬で言うことを聞いてくれなくなる。

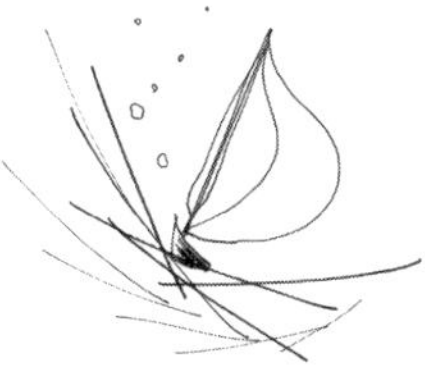

四月のある日、台風並みの強風のなか、私たちは何度も転覆を繰り返し、どんどん風と波に流されていった。先輩たちはどこ吹く風とばかりに、遥か遠くに走って行ってしまう。海に取り残された私たちは、こころ細さと無力感に打ちひしがれながら、何度も艇を引き起こしては転覆して、を繰り返し……岸に打ち上げられる手前で何とか立て直し、帆を破りながら港に帰って来られたのだった。先輩方は私たちが帰るのを見計らって寄港し、『破った帆は自前で補填するように』と言いつけて、シャワールームへと消えて行った。

センタクロース

毎日の練習が終わると、先輩の使ったウェアを洗濯して乾かし、翌日の練習に間に合わせる。人数分の濡れたウェアを大きな袋に入れて、担いで学生寮に帰る姿は、まるでサンタクロースのようだった。学生寮には各階に洗濯機と乾燥機が備えてあったが、他の寮生と共有だから、まず洗濯機を確保することが何より重要。死ぬか生きるかの問題である。

今だから言えることだが、洗濯を終えたまま洗濯機に入っていた剣道着を窓から投げ捨てて、我が部の洗濯を、数台の洗濯機と乾燥機を駆使して次の日の練習に乾いたウェアを届けたこともあった。どこの部活よりも我が部の先輩が最も恐ろしいと、どの部活の一年生も思っていたのだろう。私が乾燥させた洗濯物を流し場に放り投げて再度濡らした他部の一年生、今は許す。

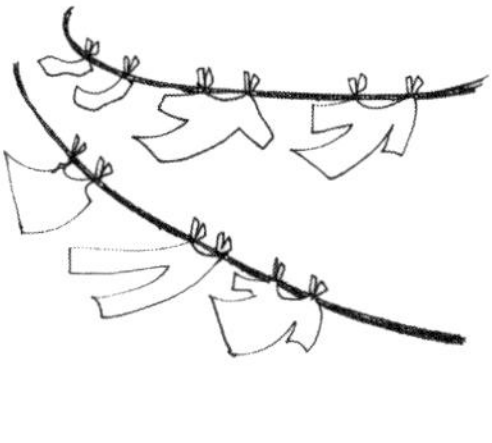

脱走、その1

競技レヴェルが高くなるとプレッシャーも相当となる。合宿では選手たちはレギュラーを勝ちとろうと、当然、意識するし、大会直前には現実感を失うほどの追い込みをする。合宿の一日一日が重圧になる。

普段の拠点地を離れての（大会の）直前合宿をしていたあるチームのエースの一人が、夜、突然、いなくなった。移動手段もないはずだ。荷物もない。通常なら選手は疲れて就寝している時間である。真っ暗ななか、私は監督を乗せて車を走らせ、とりあえず駅に向かった。監督は入場券を買ってホームに行き、まさに電車に乗り込もうとしている選手を発見、なんとか引き戻した。その場（ホームのベンチ）で一時間あまり、監督は話を聞いた。私は遠く離れて二人を見守った。選手は下を向いていたが、監督に向かって怒って何かを訴えているようだ。しばらくして筆者の運転する車に乗り、監督とともに宿舎に戻ったのだった。そのシーズン、その選手は全国優勝した。

脱走、その2

有望視されて入学したある選手の話。その厳しさに耐えられず、合宿を脱走。裏山に逃げ込んだ。チームのメンバーは練習を中止し全員で探した。数時間探したところで見つかる。選手はチームに再び合流した。その後、チームメイトに励まされたりして、なんとか合宿を乗り切った。このあと数ヵ月間、チームメイトや指導者は、彼にかなりのエネルギーを割いて関わって、何とか継続できるように気を使い続けていたが、期待されていたその選手はチームを離脱し、結局は競技を辞めるに至った。

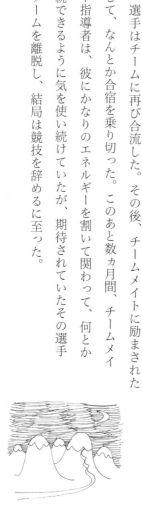

お～、こわい、こわい

なに考えてるのマジで！　バカじゃないの？　ありえない！　今ごろ何言ってるの？　頭おかしいでしょ？　ちょっとは考えて！　自分でやってよ!!　とか、思いながらでも、アスリートは『はい！　わかりました！　大丈夫です！』と、満面の笑みで言える。言えない分は、たいてい忘れない。お～、こわい、こわい。

からだの話

限界を超えた意識

ゴールキーパーだった私には、いちばんいやな練習があった。それは、放射線状にプレーヤーに囲まれて左右交互にシュートを打たれるものである。だいたいその練習は、練習時間の終盤になってからおこなわれる。なぜなら、その練習のあとはGKが立てなくなるからである。

すでに練習を二時間以上こなしてからの、その練習は、キツイ以外の何物でもない。右・左・右・左……交互に動き、ひたすらシュートを受け続ける。リンチのようである。しかもGKが《ハイ！》と言ってシュートが打たれる。大声で《ハイ！》と言い、シュートを受ける、の繰り返し。息が上がり、汗だくになり、ヘロヘロになりながらボールを受ける。しかし、そんな状態でもボールは良いところにクリアしなければならない。プレーヤーが打ちやすいところにボールを返そうものなら、『外や、外！』と叱られながら、練習は続く。

次第に意識が朦朧としはじめ、精神的にも苦しくて仕方がない。「早く終わって、しんどい。もうええやろ」そんな風に思う。しかし、あるときフッと限界を抜けると、逆に意識は研ぎ澄まされ、冷静になり、自分の体の芯のようなものがはっきりとわかってくる。指先の一本一本までに神経が通っているのがはっきりわかるような感覚。そして、皮膚表面の感覚がなくなり、ボールが身体に直接当たっても痛みを感じなくなる。また、不思議なことに、プレーヤーの身体の感覚や気配にも敏感になり、ボールを打つフォームでだいたい、どこに飛んでくるかがわかるようになる。自分の身体が広がり、何が来ても止められるような気持に変わる。「居る場所が変わる」ような感覚がするのである。当然のように、どんどんボールを止められる。

あまり長い時間はできないが、こういう意識の在り方をどれだけ試合（フィールド）のなかで出来るか——「いつもの意識」と「限界を超えた意識」の切り替えをどれだけするか。パフォーマンスはそれにかかっていると思う。

それでも動く

創部直後の主将から聞いた話。部員たちと昇級審査を受けに行った。審査は子どもたちから順番に受け、学生は最後で、なかでも主将は最後。正座で順番を待つ（それまではとても、足を崩すことが許される雰囲気ではない）。ふだん部活で指導を受けている鬼師範の、さらに輪をかけて恐ろしい恩師が審査委員長で、その人が正面におられるので足を崩すわけにはいかない。ずっと正座で待ち続け、ようやく自分の番が来た。「やばいぞこれは」と思ったが、立ったときによろけでもしたら『何をやっとる!!』と一喝されるのはわかりきっている。なんとかして立ち上がった、とは思うのだが、どうやって審査を受けたのかは、もう思い出せない。ただ、結果は合格だった。

はだし

空手は裸足。いつでも裸足。当時（平成の初め頃）は、学校の外へランニングに行くときも、至極当然に裸足だった。アスファルトの上の小石がなかなか痛い。夏場はなるべく白線の上を走るのだけれども、走り終える頃には足の裏が半分やけど状態。もちろん、そのまま練習に突入……。

ジューッ

これは古参の先輩から聞いた話。夏合宿のとき、炎天下のアスファルトの駐車場で延々練習していた。初日の夕方には、まめなのか火傷なのか、足の裏に水ぶくれができた。もちろん、そんなことで二日目の練習メニューが変更にはならない。水ぶくれが破れて、焼けたアスファルトから「ジューッ」と蒸気が上がった。あちこちで「ジューッ」。何事もないかのように練習は続いた。

聞こえない

二年生の夏頃。練習中に私は四年生のD先輩とE先輩にメッタメタに言われることが多かった。『なんで、こんなボールが捕れないの』『ぜんぜんダメ』『こうでしょ!』、明けても暮れても、睨まれ、怒られる日々である。三年生のF先輩からは『怒られるうちが華だから頑張れ。怒ってもらえるっていうのは、期待してるからだと思うよ』と慰められ、「ほんまかいな」と思いながら、言われたとおりにプレーを修正しようと練習をしていた。

ある練習中、D先輩が寄って来て『なんで無視するの！ 何様のつもり！』と言われた。私は《え？ スミマセン！》と言いながら、寝耳に水だった。私には先輩の声が聞こえてなかったのである。その日からしばらく、他の人の声は聞こえるのに、D先輩とF先輩の声だけ聞こえなくなった。先輩たちには『無視するな！』と言われたが、私には聞こえなかったので、数日たつと先輩から『あいつは難聴だ』と言われはじめ、自分でもそうかなと思い、耳鼻科にもかかったが、聴力は異常なしだった。同期は、先輩に対して無視という状況になっている私を、ヒヤヒヤした目で見ていたが、いつの間にかその症状は消えていた。

これがゾーン？

ある試合。その日はとても調子が良く、意識が最初から研ぎ澄まされていた。不思議と試合をしていると、チームメイトが一つの生き物のように感じられた。身体の動きでチームのメンバーが何を考えているか、何をしたいかが手に取るようにわかる。別の人間であるはずの存在がそれぞれの動き応じて自然に連動していくような試合。背筋がゾクッとするような冷静な興奮とともに、パフォーマンスも絶好調。こういうときは必ず勝てる。

悪い時も、よい時も、突然訪れます。表裏一体で、からだがモノを言います。早めにからだの声に対して聞く耳をもつ（翻訳できる）ことが肝要なのでしょう。

寝るまでマッサージ

一年生からすると、上級生は皆、神様であった。合宿では「寝るまでマッサージ」という、先輩の全身を後輩がマッサージする風習があった。練習後、寮に戻り、風呂・食事・洗濯を済ませた後、「風習」は始まる。お抱えの先輩は自然と決まっている。概して、同じポジションの先輩であることが多い。

僕はA先輩のマッサージをすることが多かった。『□□（僕の名前）、頼むわ』との言葉と同時にマッサージが始まる。うつ伏せになったA先輩の太い脹脛から開始するのがいつものルーティンであった。二〇分もすると寝息が漏れる。少しずつ指圧を緩め、撫でるように触れる。このまま寝入ってくれることを願いつつ、マッサージから解放されるか否かのこの瞬間は、緊張感でいっぱいになる。

いよいよ寝入ったと確信し、僕の手がA先輩の体から離れた瞬間、『おい、俺、起きてるで』の低音が僕の全身に響く。そして再び「寝るまでマッサージ」は続く。

呼ばれてマッサージ

先輩のマッサージも一年生の仕事だった。ポジションが違っても、先輩に呼ばれたらマッサージ。先輩に気に入られたら毎回呼ばれ、一時間でも揉み続けた。次第に先輩の身体の調子がわかってきて、しこりができたり消えたりするし、相当に傷んだ状態でもプレーができていることに驚いたものだ。

怪我との闘い

大学時代、私は腰を痛めてしまった。保健管理センターで「腰椎分離すべり症で、大学の部活動ができる腰ではない」とドクターに診断された。ショックだった。でも、切望して入ったこの部活動を辞めるつもりはなく、痛みが和らぐまで練習を見学しようと思った。見学をすると、肉体的なつらさからは離れられる。しかし精神的には相当つらいものが押し寄せて来る。なぜかというと、周りと技術的な差がつくから、と言いたいところだがそうではない。『いつまで見学しているんだ!』と先輩から怒鳴られるから。他人に迷惑をかけているわけではないのに怒鳴られるのだ。選手として有望な部員が見学した場合は違って、『大丈夫か?』と心配される。しかし私は、そんな言葉をかけられたことはない。精神的に追い込まれた挙句、腰の痛みが消えないまま復帰する。怪我を配慮して徐々にやっていく、なんて、おお間違い。見学していた分のツケを払わせるという感じで、めちゃめちゃしごかれる。「復帰=完治・万全」とみなされてしまうのだ。私の腰は悲鳴をあげた。再び見学。その繰り返しだった。

感覚を失った

キャプテンとなってからのこと。ある日、私はスランプになった。いつもチームのことを一番に考えていたが、日本代表の選考会があることを聞いたときも、チームを優先して選考会には行かないことに決めた。どこか「行きたい」気持を残しながらも、「チームのため」という大義名分を理由に、落とされることや、挑戦すること、限界を超えることから逃げたのかもしれない。いつのまにか自然に、自分のことよりチームの事務作業を優先した。

そんなある日、練習中に身体感覚に違和感を感じた。いつもと違う感覚という生易しいものではなく、「今まで築き上げてきた感覚をすべて失った」感じ。今までどうやってプレーしていたかが、わからなくなってしまった。十二年間ずっと自分の傍らにあった何かが、いきなりなく無くなっ

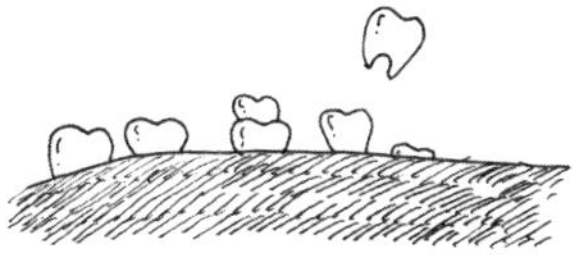

てしまったような、そんな感覚。精神的にも不安定になり、人に見えないところで泣き続けるような毎日で、初めてのベンチスタートとなった。後輩が活躍する姿をキャプテンとしてフィールドの外から見るのは、屈辱以外のなにものでもなかった。苦しい。ただ、それだけだった。

その後、どれだけ練習しても、自分のなかにあった「自分と一緒に歩み培ってきた身体感覚」は、ついぞ戻ることはなかった。私は自分の気持を押し殺し、裏方に回ることに徹した。

からだの戻り

私の周りには、同時期にオリンピック選手がたくさんいた。世界選手権に出る者も多くいた。体操競技部では、全日本選手権に出る選手は二軍（Bチーム）だった。国体選手は三軍（Cチーム）だった。

その部活の友人との話。マッサージに関する授業が始まって間もない頃だったと思う。われわれと同様、合宿で全員集合となるが、その前の一週間～一〇日くらいは、郷に帰って身体を「あまり」動かしていない。そのツケを、合宿が始まると払うことになる。身体じゅう筋肉痛の状態を味わうのだ。今では考えられないのかもしれないが、一部の選手以外は等しく味わうものらしかった。のんびりしたものである。

その頃のこと。体操競技部だった同級生が、マッサージをしてもらうと痛みは取れて楽になるけれど、身体の「戻り」が遅いのでやらないようにしている、と言った。三日我慢していたら痛みがなくなるけど、軽くマッサージして痛みをとると五、六日かかるというのである。それに同意する仲間は多かった。私は、少々回復が遅くなってもマッサージを受けた、怠惰なアスリートだった。もっとも、休みには遊んでいたわけではなく（そんなことしたらポジションが無くなってしまう！）、卒業生の先輩の指導する高校チームの練習に参加させてもらったり、実業団の練習に参加させてもらったり。それでも筋肉痛……。

いささかクレージー

寒稽古。よりによって一年でいちばん寒い時期に、朝も早よから川に入ってえっさえっさ「千本突き」をする（といっても、もちろん大人は千本では終わらない）という、いささかクレイジーな年中行事。

今はせいぜい膝下くらい（もの好きな人は膝上くらい）までしか水に入らないが、かつて男子部員は『よーし、腰までつかれー!!』『次は肩までー!!』とやっていた

アスリートは敏感に、マッサージに限らずトレーニングでも新しい情報が（教科書に載るよりはるかに早く）入るとすぐ採り入れます。トップ選手ほど常に「最新のデータ」が取得でき、最新の科学を背景にした最新のトレーニングが手の届くところにあるような恵まれた環境にあります。しかし科学に頼らない時代のアスリートは、それらを無条件に信じようとしていませんでした。科学的データより、自分の身体に聴く、そんなふうでした。

（終わって川から上がると「あーっ、タマが、タマがない」とは、男性陣が今でも盛り上がる思い出話）。

なぜかこの日はたいてい晴天で、放射冷却のおかげで素敵な冷え込み。川岸が凍っているときもある。道場から参加する小さい子は、水の冷たさに足が痛くて泣きだすことも。それでも、自分だけ先に川から出るのはいやだ、と泣きながらやり通す強者もいる。

私が学生時代に所属していた部活では、十二月になると「年末の稽古納め・兼・寒稽古の予行演習」と称して、校門の真正面にある池に入って、冬眠中の鯉を邪魔しながらえっさえっさと稽古する行事もあった。藻で道着が緑色になるので、終わったらすぐに洗濯しないと大変だった記憶が……。

column

向き不向きでは測れない

当時、私の身体能力は、短距離走は普通の人、長距離走は高校級、筋力は全国級、全身反応時間（筋収縮時間＋神経伝達時間）の速さは国際級、だったらしい。柔道やフェンシング、スキル的にはハンドボールに向いていたかもしれない。

それなのに、自分の好みだけで選んだソフトボールでは、ほとんど頂点に近いところにいられた。足の遅さはスライディングスキルでカバーしたし（ＮＨＫ教育テレビのスポーツ教室で模範演技者になったこともある）、グリップバントは他の追随を許さなかった。

もし、現代のスポーツ科学のもとで高校時代にトップチームでプレーしていたら、早々に、他競技への転向か、体育系ではなく普通の大学進学を勧められていたことだったろう。

捨てる

捨てる

「身を捨ててこそ浮かぶ瀬もあれ」と言いますが、まずは捨てる！　自分が前に出て行くことばかり考えていると捨てられません。でも、みずからの妄執？を去れば、楽になること請け合い！　たとえば、アスリートにとっていちばん大切なことであるはずの「勝負」にこだわることを捨てる！　そういう態度が、逆説的に勝ちにつながる、というわけです。少なくとも、「勝っても負けても他人の責任にしない」だけのこころの姿勢が重要なのでしょう。これは徹底的に指導されます。

「肝心なのは何を得るかではなく、何を捨てるかだ」と言ったのはアメリカの写真家ソール・ライターですが、けだし名言であります、ね!!

負けずぎらい

嫌だけど、負けるのは嫌いだから

合宿の朝、起床して間もなくの六時〇〇分、監督のスタートのホイッスルとともに、近隣の市民B体育館を経由した一〇キロのランニングコースを、フルスロットルで走りきる。今思うと、起床後間もなく、十分な準備体操もせずに、アスファルトを全速力で走るランニングは、馬鹿げていると思うし、起床時の「ロッキー」のテーマ曲での目覚めは、悪夢でしかなかった。しかし「嫌」ではあったが誰にも負けたくはなかった。ひたすら走った記憶が今でも残っている。

腹立だしいけど、がむしゃらに

部活の先輩から『おまえは入学した頃と何も変わっていない。どこが成長したんだ！　部活内でも何も役割を果たせていないじゃないか！　これでは後輩にも示しがつかない、部活を続けたいなら、まずは坊主にして来い！』と怒鳴られた。私が《坊主はちょっと……》と答えると、『坊主にするくらい、どうってことないだろ！　そのくらいの覚悟がなくてどうする。だからいつまでたっても、おまえは変われないんだ！　坊主にするまで練習に出てくるな！』と怒鳴られた。

私は数日後、仲間に説得され渋々、坊主頭にした。先輩からは、『おー、いい頭になったな』と言われた。私は「何がいい頭だ」と腹立たしかったが、先輩を見返してやるという思いもあり、その後はがむしゃらに練習した。

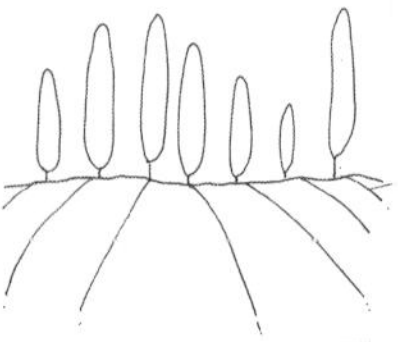

髙島屋大阪のこと

私の現役時代のころの話で恐縮だが、当時、おおかたのソフトボールのプレーヤーは「髙島屋」を目標にしていた。今はもうチームが存在しないのは残念だが、そのころ私も特別視していた。たとえば、チームが練習会場に入ってくるだけで、そこに居合わせた誰もが話をやめて、彼らの一挙手一投足に目を向けるとか、選手が通ると知らず知らず道を空けているとか。もちろん彼らのほうも、チームメート以外には目もくれず、一言も話すこともなく、強烈な存在感で他を圧倒する。

私も例に漏れずTakashimayaには一種、畏敬の念を抱いて近寄りがたく、チームワーク抜群の彼らの試合を「遠くから」眺めていたものである。そして、ついに昭和四九年の全日本総合選手権大会の準々決勝で対戦が実現したときは、ひたすら嬉しかった。結果は〇対一だったが、手ごたえとしては、相手はチーム一丸、どこにも付け入る隙がなく果てししない距離を感じた。彼らは当時、全日本選手権九連覇中！　比べて全日本出場常連のわれわれだったが、せいぜいベスト8か4どまり、距離があるのは当たり前に違いない。しかし何より驚いたのは、全日本クラスの選手が何人かいるわが大学に、髙島屋のレギュラークラスをつれてきて何人がポジションを取れるだろうと考えたときである。おそらく二人、せいぜい三人？　と気づいたとき私は愕然とした。そうして進路が変わる。

私は大卒でTakashimayaのユニフォームを着た最初のプレーヤーとなる（大卒途中入社は一名いたが）ことを選んだ。どうして勝てるのか？　どうしてそれほど強いのか？　を知りたかったためである。自分の目で確かめたくて、すぐに練習に参加する。ちょうど先方も十連覇達成のあと監督はじめ八名の選手が引退を表明したとあって、補強に力を入れていたことが幸いした。ありがたいことに「請われて」入ることができた。

「決死の覚悟」での入社だった。というのは、日体大と髙島屋は犬猿の仲、方や大学の雄、方や実業団の雄、仲のよかろうはずもない。進路が決まってから卒業生の先輩たちからは、祝福より「大学の名を辱めるな」「生きて帰ろうなどと思うな」とか、激しい言葉ばかり。まさに特攻精神で、悲壮感を漂わせながらの進路。ともあれ、中へ入ってみてほんとうにびっくりすることになった。チームワークなどという甘いモノはなく、ひたすら言いあって（喧嘩して？）いたのである。後年、このチームで私は主将を務めることになる……。

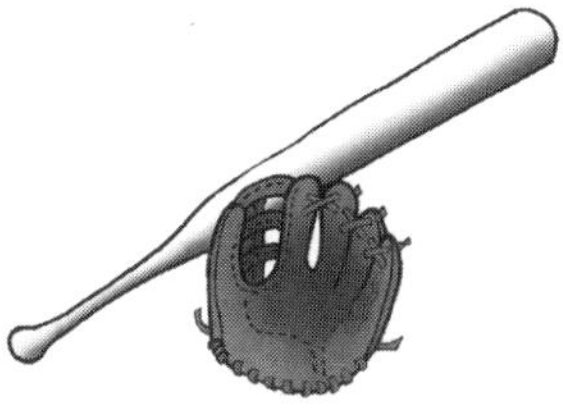

column

フォア・ザ・チームは目的ではなく

「みんなで仲良く一緒に」なにかを成し遂げる——言葉はカッコいいが、そうなると必然的に、誰かが誰かに合わせることになる。そんななかでそれぞれが全力を発揮できるとは、考えにくい。

学生レヴェルだと「チームワーク」は、まぁ、悪いことではないから、指導者からすれば、選手を思いどおりに動かしたいときには、これほど便利な言葉はない。しかし、思いどおりに動くだけの選手など、「ここ一番」の厳しい勝負のときには、ものの役に立ちがたい。

アスリートは自分のことだけ考える。「自分のこと」というのは、もちろん「自分を高めること」である。寝ても覚めても自分と向き合い、自らの得意とするところを強化し、弱点を補強し、常にレヴェルアップを図り続ける。自分を捨てて鍛えぬくことができなくて「フォア・ザ・チーム」はありえない。みずからの身体に対し冷徹に接し「死ぬほどの」訓練に耐え抜くことが、鍛えぬくということである。

勝負の陰で

芸も修行のうち

夏合宿では、夜の宴会で、学生がそれぞれ出し物をすることになっていた。内容がつまらないと拳立て伏せか蹴りスクワットをさせられる（拳立て伏せは、掌ではなく空手の拳を床につけてする腕立て伏せ。蹴りスクワットは、一回ごとに空手の蹴りをするスクワット。どちらも当時の空手道部の基本筋トレだった）。「こういう場面で一芸できることも空手の修行のうち」ということになっていた。

芸だしの出来

月曜は練習が休みである。そのため、日曜は「オフ前の門限」といって、一、二年生は通常どおり門限二二時だが、三年生は〇時まで、四年生は門限が解除される。出歩き放題である。「いいなぁ、私もはやく四年生になりたい」と思ったものである。

しかし、二年生になったある日、先輩の気まぐれで『今日は芸だしの出来によって、二年生の門限を決めます』という日があった。「えっ！」と思いながらも、さっそく私たちは即興で芸出しの準備をした。同期のAはコテコテの大阪人で、芸だしは得意である。《魔女の宅急便をやります》といい、そこらへんにあった箒に乗り、黒のローファーをジジに見立てて、一人で寸劇を繰り広げた。先輩たちは大笑いし、その結果「門限なし」を勝ち取ったのであった。

本業の脇で

厳しい部活のなかにあって、同期のKはいつもセンスのある笑いで切り返していた。漫才のボケとツッコミでいえばツッコミのほうで、いつもボーっとしている私を見事に笑いに変えていた。ツッコミの言葉のチョイスが秀逸だった。たまにボケをして、誰かのものの真似をしていたが、何をしてもKのキャラクターでお腹が痛くなるほど笑えた。厳しく、常に緊張状態にあった部だったが、Kがいたおかげで、つらいことも乗り越えられたと思う。

マンモス部の内幕

私は集団の球技で全国トップレヴェルにある某大学○○部に入部した。そこでは全国の同規模の他大学部活（○○競技とは限らない）と同様、毎年約五〇人の新入部員が入部し総勢二〇〇人ほどの部となる。しかし登録されるのは二〇数名なので、部の編成は一軍（以下Aチーム）から五軍に分けられ、Aチームだけが大学の公式のリーグ戦や大会に出場することになる。

公式戦での活躍は上位チームのスカウトの目にも留まるため、トップを目指して練習に取り組んでいる選手も少なくない（実際、Aチームに入れるのは推薦入試で入学した学生：推薦組が主となり、一般入試で入学した学生：一般組とは違って、見えない何かがあるように感じられた）。〇〇部としても、Aチームの全国優勝と、何名をトップ選手に育てられるかといったことに注目が集まるので、実際の活動に際してはAチームの選手が優遇されることになる。

入部後Dチーム（四番目）だった私にとっては、Aチームは憧れの存在であると同時に、優遇を受けている嫉妬すべき存在でもあった。具体的な「優遇」とは、例えば、指導者の配置やグラウンドの使用時間、部費の使用など。すべてAチーム中心に考えられているよ

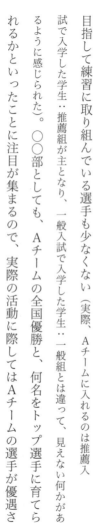

うに見えた。

まず指導者について。Aチームの指導者は、大学の教員やトップチームで指導経験のあるコーチが務め、さらに各専門スタッフ（フィジカルトレーナー、アスレチックトレーナー他）が割り当てられるのに対して、Bチーム以下では、指導者志望の学生コーチのみで、各専門スタッフはつかない。

次にグラウンドの使用時間について。〇〇部が優先的に使用できるグラウンドは一面しかなかったので当然、Aチームが優先的に使用することになる。Bチーム以下は、水はけの悪い土のグラウンド、雑草が生えているデコボコのグラウンドなど、時には近所の公園の空き地で練習することもあった。Aチームは、授業終了後の夕方（ゴールデンタイム）にコート全面を使って練習できるが、BチームとCチームは、Aチームの練習終了後にナイター設備（暗い）のなか、半面ずつコートを分け合って練習する。さらにDチームとEチームは、BチームとCチームの練習後に練習開始する。グラウンドの使用時間が限られているため、次チームのウォーミングアップや簡単な基礎練習は、グラウンド脇の歩道など、固いアスファルトの上でおこなうしかない。練習時間も十分でなく、特にDチームとEチームは夜に練習時間が確保できずに、朝六時からの練習がメインとなることもよくあった。

どんな思いで…

オリンピック選手を多数輩出する我が部では、オリンピックのときにパブリックビューイングがおこなわれる。法被を着て、画面の前に立ち、みんなで応援するのだ。普段は出ない食事が振る舞われ、お祭り騒ぎで選手を応援する。私が一回生のときだったが、パブリックビューイングが終わり、片づけも済んで、みんなが帰った頃、私も自分の仕事をして部屋の見回りをしていると、会場でオリンピックのテーマソングを聞きながら泣いている先輩がいた。オリンピック選手の同期の先輩だった。声をかけられる雰囲気ではなく、スッと去ったが、そのときの先輩の背中は、パブリックビューイングのときのものとはまったく違っていた。どんな思いで応援をして、どんな思いで泣いていたのだろうか。

そんな簡単におさまらない、こともある

全日本学生大会、自分が引退した次の年のその大会で、後輩たちは勝ち上がって表彰台を決めた。昨年よりさらに一つ上の順位。わたしは会場の裏の入口付近で、どんな顔をしたらいいかわからないまま、それでもニコニコしながら（しているつもりで）立っていた。

喜ぶところ？だよね。いや、すごいよね、うちの大学初の好成績。高校の恩師にも連絡しなきゃ！　でもなんか、な……。なんで去年じゃないのよ。複雑。嬉しさも嘘じゃない。でも悔しさもある。嫌だけど、すごいけど、嬉しいけど、腹立つけど、……もう、なんで素直に喜べな

いの？　なんなん？　わたし！

　そんな感情が猛スピードで頭のなかと心のなかをぐるぐるしていたときに、よくお世話になっていたある体育大学の監督が声をかけてくださった。『おめでとう。よく頑張ったな』と、握手してくださったその瞬間、涙が止まらなくなった。サーっと、いろんな感情が消えていった。「あぁ、わたしの四年間も無駄じゃなかった」と、思ってもいい気がした。気づいたら、後輩たち選手よりも泣いてた。自分の大会よりも泣いた。

拾う

拾　う

「アスリートは勝手に育つ」と言うと叱られそうですが、「育てる」と「教える」とは違っていると思います。もちろん、ある指導者に教えてもらったから強くなったと信じている選手はいるでしょう。でも「育ててもらった」と言うでしょうか。私はひねくれているので、ちょっと違うんじゃない？と思ってしまいます。あくまで個人的な思いです。

勝つことを教えるのが上手な指導者は見てきました！　一方で、育てるのが上手な指導者はなかなか。アスリートが「育つ」のを邪魔しないことは、本当に難しいんだなぁと思っています。たまに勝手なことをする（「育ち」の過程でよくあることですが）という理由で、捨てられたアスリートを、たくさんたくさん見てきました。彼らをどれだけ拾えるのでしょうか……。

育てられた？

監督の指示に、どうする？

監督から送りバントのサイン。七回、ノーアウト一・二塁、三点差で負けている。後がない。二点差ならまだしも、ここで送りバントをすると負けてしまう可能性が高くなる、とバッターボックスの私は考えた。どうするか。サインを見落としたふりをして打つこともできる。しかしそれには相当の覚悟がいる。よほどの度胸が必要だ。

そのとき、ある先輩の言葉を思い出していた。曰く「オヤジ〔監督〕から指示があったら、おかしいと思っても従えばいいんだよ。結果がダメだったら親父が考えるから。で、もう〔おかしな指示を〕やらなくなったら、そのほうがいいんだから」「自分らが指示に従わずに負けたら、オヤジはムキになって〔同じことを〕やろうとするでしょ。私らがオヤジを育てるんだよ。——と。ちなみに当時の監督は、日本協会の技術委員長であった。

いずれにしても、そのときの私は度胸がなくて、バントした。二点は取れたが、その試合は一点差で負けた。公式戦（全国大会）である。スタンドで、他チームの監督（日本代表監督）から『なんでバントしたの？〔バントのサインでも〕打てばいいじゃん！』と言われた。私は先の話をして《監督さんが次にそんなサインを出さなければ……》と言った覚えがある。言い訳がましいと今は思う。あとで考えてみると、監督にモノが言える関係なら、そこでタイムを取って、納得のうえで、もしかしたら失敗を恐れず、打っていたかもしれない。

まさかの言いがかり

練習前にあいさつがなかったという理由で（そんなことない！）私は初めてメンバーから外

された。そして地元出身の選手が使われた。優勝した後の祝賀会では、その子の親たちとともに指導者はどんちゃん騒ぎ……。その間、私は何も食べられないまま、四時間も続く宴会を隅っこの方でじっと見ていた。誰にも話しかけられず一人でみんなが騒ぐのをただ眺めていたのである。指導者からも一言もなかった。

その後、私は大学一年まで体操をするが、結局、不信感で体操そのものが嫌いになった。この時は指導者を激しく憎んだ。その人が乗っている車まで嫌いになった。これは、小さい時から体操が大好きだった私が留学（遠方の中学へ編入）したときのエピソードだが、指導者から誘われた時（編入前）の話とは全く違った現実があった。しかし今は、何も思っていないことを強調しておきたい。

column

育てるのは面倒…

ある中学生が部活動に入ったが、小学校からの学外のクラブチームに登録してプレーしていた。学外の指導者は、中学優先でいいですよ（中学で選手として使う試合は外します）と言ったが、試合ごとに先発メンバーに入れる入れないを先に決めておかないといけないことになった中学の指導者は、その生徒に、学外のクラブチームを辞めるように指導した。他の生徒が他のクラブチームに同時に登録することには、お構いなしで……。

不審に思った親が学校に出向き、なぜクラブチームを辞めないといけないのかと問いかけたそうだ。その先生の答えは、「面倒くさいから」だったという。その生徒は明くる日、部活の指導者に退部届を出した。理由は「〇〇（部活動の種目）をやりたいため」と書いた。そうして、県外の強豪校に誘われるままに転校して競技を続けた。

親子関係も育つ

ある中学生の父親との面談でのこと。

『あの子は人並にできない』『手取り足とり教えないといけない』と、息子とのやりとりに疲れた様子で話し、また、息子については『サッカーは好きで……下手ながら部活をしています』と、どこか小馬鹿にした口調であったことが気になっていた。面接を繰り返すなかで、あるとき『部活で親子でサッカーをする行事がありました……そのときなのですが』と少し間をおいてから、『息子もなかなかやるもんですな』と、これまでの息子を卑下する語り口とは異なり、『試合をしたんですが、息子とボールの取り合いになって、息子に抜かれたんですわ。何回も……』と語った。

《抜かれたんですね》『抜かれました……そのとき「息子は成長しているな」って……』と語る父親の清々しい表情を、未だ鮮明に記憶している。父子関係の変化の様子に、私のこころが熱くなった。

不評をおそれずに

ヨットとは、自然と共にある競技だ。風や波の力を推進力に換えて帆走らせる。風や波は、強さも向きも刻一刻と変化する。地形や季節によって質感やリズムが異なる。試合は、適正な風があるならば、どのような天候でもおこなわれる。

日々の練習では、スケジュールが組まれ、海上における帆走トレーニング、陸上おける身体トレーニング、ストラテジーやタクティクスの検討、艇の整備など多岐にわたる。私が一年生の頃は、非常に大らかなチームで、「雨の日は休み」というルールだった。そのため、アルバイトは出来なかった。スケジュールを計画的に組めないことで、多くの部員からは不平が出ていた。おまけに、日没とともに練習を切り上げるのだが、先輩がミーティングを終えても帰宅しないため、先輩より先に帰れない一年生も帰れない。ただ、夕食は先輩のおごりだったので、一年生のときは夕食代を自分で払ったことはほとんどなかった。

私が二、三年生になる頃には、練習計画も規則的になり、活動時間帯も明確に限定され、定期的な休みが設けられるようになった。その分、天候との組み合わせによって、海上練習を連日おこなえないことが続くことが増えていった。私は四年生になると主将として、チームの方針を決定する立場になった。それまでの不全感を払拭するように、活動時間をその日の天候に合わせ自在に変化させていった。練習日に天候不順であれば、休日予定日を直ちに練習日に変更したりしていた。

後輩たちは、帰港予定時間になっても帰って来ない私を待ち、休日に予定していたことをキャンセルして練習に参加していた。そして時には、天候がマッチせずに休日返上させた挙句に練習できないなんてことも起こったので、部員からは大不評だった。

指導してもらった？

訳がわからない話

当時の監督からサッカーの戦術的な指導を受けた記憶がない。監督は、高校サッカー界では名監督でもあり、数多くのJリーガーを輩出してきた、にもかかわらずだ。いったい僕は何を指導してもらったのだろうか。

高校一年生のときに、大西鉄之祐著『荒ぶる魂』〔岩波新書〕が選手全員に配布された。「読んでおくように」ということ以外、それに関するフォローはなかった。

意図はわからなくとも

夜通し、選手・スタッフ全員で歩く「ミッドナイトウォーク」という活動が始まった。市街地から高校までのおよそ三〇キロを七時間かけて歩く行程であった。明け方にゴールした際、保護者の方々の「おかえりなさい」「ご苦労さま」とともに手作りの豚汁が待っていたことが、強烈に印象に残っている。

この企画は、選手・スタッフだけではなく、保護者の協力がないと成り立たないことを知ったのは、高校を卒業してからのことだ。当時、監督がどんな意図をもっておこなっていたのかは知らない。でも、意図がわからなくても、一緒に取り組んだ記憶はいつまでも残っている。

先輩からの禁止令

大学時代、夏のあいだは基本的に午前と午後の二部練習がおこなわれていた。週末の予定や休みの予定はもちろん、翌日の練習日程すら知らされることはなかったので、海水浴で賑わう地域であったにも関わらず、海で遊ぶ機会はほとんどなかった。稀に午後の練習が休みになると、先輩から海禁止令が発令されて、「海で遊んでいたら練習生扱いにする」とキツく言われる。

また、季節にかかわらず「足を傷つけない」という理由から、所属していたチームではビーチサンダルが禁止となっていた。サンダル履きが見つかると練習生扱いとなるため、夏の海では砂浜はもちろん波打際まで靴を履くことが義務づけられていた。当然ながら、海での事故はなかった。

教えてくれた！

監督が珍しく技について教えてくれた。

『違う！　パーン……パパーンだ』
《はい！》（勢いか！）
『違う。パッといって、パーンだ！　もう一回！』
《は、はい!!》（ん？　勢いじゃないのか?!）
『違う!!　もっとパッと行け！』
《はい!!!》（思い切りか？　勢いか？　形か？）
『そう、やればできるじゃないか！　忘れるなよ！』
《はい！》（結局、何だった？）

「この前も言ったぞ！」

《はい！　すみませんでした！》（え???）

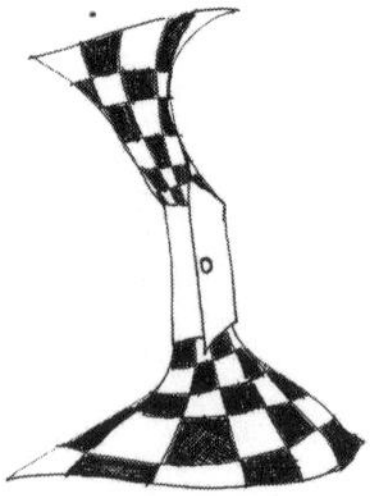

column

学童期の指導のかなめ

学童期には、負けたときに「こころ」(精神的なもの、見えないもの)のせいにしない。ここは重要である。

勝ったときは「気持が(相手より)勝ったからだ」と言ってもよい。「気持」は見えないため、子どもは次に何をすればよいかわからないから。そこがよい。そうして次に、勝ちはしたけど足りない部分をつぎつぎ挙げればよい。たとえば《スピードが足りないよね》と言って、翌日から二〇mダッシュ二〇本を課すとか、《投球の正確性が足りないかも》と言って、キャッチボールを意識づけるとか。勝ったときに、とにかく何でもいいから、不足部分を意識づけたいものである。勝ったものだから、選手のモチベーションは高いはずだ。

一方、負けたときには、具体的にわかりやすく選手に不足部分を伝えるようにする。負けた理由がわからない指導者は、指導者として力不足。辞めるか、自分自身の問題としてみずからを鍛えたほうがよいだろう。

魔法つかいの日常

魔 法 つ か い の 日 常

寝ても覚めても試合のことを考えているアスリートと付き合うのは、骨が折れますね、きっと。意識的に考えているばかりではありません。本人は他のことを考えているのです。技術的なことは「頭の隅にいつもある」だけなので、これは表面的にはスウィッチ・オフということでしょう。遊んでいたり本を読んでいたり、バカ騒ぎをしていることだって、あるに違いありません。私にも、そういう日常にどっぷりつかりながら、ある技術のことを考え続けていた経験があります。

ちょっと心の深いところで「魔法の使い方のことを考えていた」というように、今なら説明するかもしれません。私は、周りにも気づかれずに、自分でも触らないようにして、意識の表面には現さずに考え続ける、という方法を編み出していました。そうするとある時、フッと意識にのぼり、いい方法を思いつくのです！

平手打ち

ある高校の伝説として聞いた話。試合で、出場していた選手がけがをしてしまった。足がおかしな方向に曲がっていて、素人目にも骨折だとわかる。まだ白帯だった彼は、自分のその姿と痛みにパニックを起こしてしまった。

大きな叫び声に周囲が戸惑うなか、チームに帯同していた高段者の一人が進み出て、いきなり本人に思い切り平手打ちを見舞った！「けが人になんてことを」と静まり返った場内に、一転、落ち着いた本人の涙声が響いた『楽になりました、ありがとうございます』。応急処置をして、病院に連れて行った。

すぐそこに居るかもしれない、おともだち

高校時代の剣道部の同級生と、大学卒業後はよく旅をしていた。彼女がわたしより先に発って、二日後に石垣島でわたしと合流したときは、若手の研修医の男性を『拾って来ちゃった』と連れてきた。たった一晩でそうなった経緯は、聞きながらひたすらに笑ったことしか覚えていない。旅はもちろん楽しかった。

もうひとりは、元トップアスリートであり、現在はトップアスリートを育てるコーチで、わたしが尊敬してやまない大好きな同僚の先生である。その先生、駅前の居酒屋で飲んだ後、歩いて帰ったが、翌日聞くと、友達ができたという。家までのその道中にできた友人というのは、工事現場のおっちゃんだった。どうなって、そこで話が盛り上がるのか、わたしにはもうギャグにしか聞こえない。

そうそう、ギャグをも超える、その先生のエピソードをもうひとつ。ヨーロッパのある

ホテルのロビーで、たまたま新聞を読んでいた全く見ず知らずのおじさんに「学会発表の練習に付き合ってくれ」と声をかけて、仲良くなったらしい。その出会い、そこで終わらない。その翌年、オーストラリアのワールドカップに引率したら、そのおじさんに再会。なんと、そこの練習会場の関係者だったとのこと。アスリートの交友関係のスケールは地球規模である。

神さま？ 怪物？ そしてヒヨコ？

『あの先輩とあの先輩は、何歳で、あの先輩より一つ上で、誰だれの二つ下の学年だよね。玉竜旗何連覇の時の代だよね』という会話は、高校入学後、お盆くらいまでに数十回じゃすまない。夏休みが終わる頃には、いつの間にか、歴代の先輩方の学年の同級生はもちろん、卒業年度、各全国大会の戦績、ポジション、進学先などが、十歳以上も上の代まで勝

手にインプットされる。なんならフルネーム漢字で書いてもいい、そんな自信もある。卒業生が稽古に来ると一年生がお世話係をするが、稽古前に防具を並べるとき、お風呂の準備をしてご案内するとき、ご飯の用意をするとき、一つでも「学年の上下」を間違えると、とんでもないことになる……。

先輩たちはみんな、どの代も、ほとんど日本一になっている方々なので、高校一年生のヒヨコのわたしたちからしたら、まさに怪物である。いや、神さま。その神々に対して少しでも失礼なことがあったときには、即刻、二年生と三年生が鬼と化すのだ。そのように、強豪校の部活の関係者に「人間」という普通の存在はいない。ちなみに一年生はというと、虫けらとか、奴隷とか、だいたいそんなくらいのところである。

私、ずっと運転手？

心理サポートのスタッフとして、あるチームの合宿に帯同した。専門スタッフは他におらず、心理担当の私一人での参加だった。指導者は、その世界では知らない人がいない多くの実績を上げてきた名将だった。合宿は、郊外で長距離を走りこむというもので、心理サポートの仕事をし始めまだ駆け出しだった頃の私は、面接室の外での活動はどのようにするものか、模索中だった。

練習は、選手達はグループに分かれ、ひとつのグループに車一台で伴走する。車の運転は、指導者や付き添いの保護者だった。最初に伴走車の運転手を決めるとき、指導者から運転するよう言われた。「え?! 私が運転するの?」と戸惑った。「心理サポートとしての仕事とは、いったい何?」という迷いです。そんな迷いも一瞬。まずは、動き出さなければならず、この場はとりあえず運転するしかない、と、一回のつもりで運転した。その後も、午前・午後の走り込み練習のたびに、当然のように運転手の一人に数えられた。これは早めに指導者に言わないといけないと、思い切って指導者に訊ねた。

《私、ずっと運転ですか？》『そうだ。運転手、他にいないだろ？』
……反論できず、「仕方ない、ここはやるしかない」と、車の運転については葛藤しながらも続けるしかなかった。

合宿はそれだけではない。選手が、長距離を長時間、走り込むためには、補食が必要だった。午前・午後それぞれの練習毎に補食を用意しなければならなかった。特に、午前の練習に間に合わせるためには、朝のうちに準備が必要だった。七時半には選手は出発する。それまでに選手に補食を持たせたり、伴走車に載せたりする。付き添いの保護者は、これらの仕事をするために合宿に来ているのだが、私も保護者と一緒にその準備を手伝った。心理サポートの仕事は何だろうと考えていた私は、「こんなこともするのか……」と思いながらも、選手に手渡すときにコミュニケーションをとったりしながら、専門家としての自尊心を保とうとしていた。この補食の準備が遅れたり、伴走車の出発が遅れたりすると、容赦なく指導者から選手と一緒に私も怒られた。時には、『□□□〔私の名前〕ーー!!』と檄をとばされることも。出発までの朝の時間は、緊張が走っていた。

走り込みの練習中、選手たちは水分補給や補食をとりながらトレーニングを続ける。一度、宿舎を出発したらお昼までの数時間、休憩はない。出発時に選手自身が持った水や補食も、トレーニング中になくなってしまう。伴走しながら選手に水や補食を渡し、選手は再びそれらを摂りながらトレーニングを続ける。渡しているあいだ、選手たちは足を止めることはない。伴走を受け持ったグループによって、頻繁に水を所望する選手がいたり、補食を所望する選手がいたり、タイミングも選手によってバラバラで、その時々で車を停める場所に配慮し、走っている選手のスピードを損なわないように配慮し、対応する。伴走は、基本一人で車を運転する。知らない田舎の地域で合宿をしていたので、どこにお店があるか、どこで水や補食を補ったらよいか、合宿を始めた最初の頃は土地勘がなく、何事もなく宿舎に戻れることを祈るばかりだった。慌てて民家に駆け込み、水道の水をもらったこともある。今思うと、民家の人は、驚いたことと思う。なんだか知らない若者が、今の時代に切羽詰まった様子で水を欲しいと言ってボトルを手にしているのだから。

あるとき、水が足りずに熱中症になった選手がいた。トレーニングを途中でやめて、伴走車に乗り宿舎に戻ってきた選手がいた。私と一緒に宿舎に戻ったとき、指導者から車に乗って帰ってきた理由を聞かれた。選手が「水がなくて……」と言うと、その選手はものすごいいきおいで怒られた。それを見ていた私は、とても申し訳ない気持になった。合宿中の、補食補水の問題はとても重要だった。

練習前、指導者は選手の様子をそれとなく、とてもよく見ていた。調子の悪そうな選手、様子が気になった選手がいると、私に『あいつ、体調はどうかな』と耳打ちする。私は、補食を渡すときや出発前の声掛け時に、それとなくその選手とコミュニケーションをとり調子を聞いたりしていた。

伴走、補食補水の準備、選手の体調。練習スケジュールのなか、練習がスムーズにおこなわれるように、何より指導者から怒られないように、いろんなところに気を配らなければならなかった。「私の仕事は何だろう……。心理の専門家じゃなくてもできることをやっている……」嫌になっていた。言われることに反論できず、納得できないままやっていた。ずっと自問自答してもいた。保護者から『先生は何をする人ですか?』と聞かれ、《なんでも屋です》と答えた。

合宿中は、トレーニングで出た選手たちの衣類を保護者が洗濯してくれていたのだが、その選手たちの出し方が目に余るもの（やってもらって当然という感じ）であったため、ある朝、指導者がものすごい勢いで選手たちを怒った。それを聞いて

何でも屋で十分！「自分は心理の専門家だから」と言って目の前の雑用はしない有名なカウンセラーもいると聞きますが、ほんとうに大事なのは、雑用だろうが何だろうが求められればどんなことでもするのに、心理屋としての矜持を失わずに、誰にもできない心理の仕事をしていることではないでしょうか。

いた保護者の一人が泣き出してしまった。すぐに指導者から私に『これは指導の一環だと〔泣き出した保護者に〕伝えてほしい』と言われ、私はその保護者と話をした。

合宿も数日過ごしてくると、最初はバタバタしていたことが段取よくできるようになってきた。トレーニング中に起こるいろんなことにも対応できるようにもなってきた。指導者とも、食事中や、ちょっとした合間の時間などで話をし、指導への考え方や教育者としての態度等も少しずつわかりかけてきていた。だんだんと、ただ怒鳴っていたわけではないこと、理由があること、理にかなっていることなどもわかってきた。

どこが違うの？って言われても

うちの職場には教員が数十人いる。体育系の学科だが、さまざまな分野の先生方が集まっている。そこでは、元アスリートの教員は「軍人」と呼ばれ、元アスリートではない教員は「一般人」と呼ばれている。学生たちから？　いやいや、教員同士での共通語になっているのである。そこに差別は全くないのだが、ある先生によると、どうやら生きている〝リズム〟が違うらしい。念のため申し添えておくと、うちは派閥や学閥も関係なく、教員同士はとても良好な関係で幸せな職場である。

見られる訓練、魅せる技術

テレビが取材に来る日は、監督から全員に直接「来る」と言われるわけではないが、上級生とかから何かのついでのような言い回しで、伝わり降りてくる。しかし、誰も浮き足立つこともなく、淡々と稽古の準備をする。道場に入るときには、なんとなく緊張感があるが、それは見せるための緊張感である。試合のときとも、普段の稽古のときとも、またちょっと違った独特の緊張感である。とは言え、三六五日、毎日まいにち、なにかと緊張

感があるから、そういう意味では「普段どおり」なのかもしれない。

気勢、姿勢、行動、打突、返事……さまざまに、いつもより少しだけ派手であり、それでいて抑えてもいる。監督、コーチはいたっていつもどおりりだが、しかし、心なしか、声の強弱はいつもよりほんの少し大げさか？「いつもどおり」のように見せるために、いつにも増してエネルギーがかかっている。特に申し合わせたわけでもないのに、みんな、顔色ひとつ変えない。

こうして勝手に、見られる訓練が重ねられていく。高校時代、年に何回も取材が入っていたが、テレビも携帯電話もない生活をしていたので、自分たちが映った番組や写った新聞はほとんど見たことがない。結局、自分の「うつり」を気にしている余裕などなかった。しかし、チームとして「みせる」という意識は、常にあったように思う。いま、あらためて、さまざまなスポーツの映像や写真の媒体を見ながら、トップアスリートの「うつり」の良さに感心する。その姿は、人の心をも動かす。「魅せるも技術」である。

花粉症

全日本選手権が、二〇二一年三月十四日のホワイトデーの日に開催された。全日本剣道連盟以下、大会主催者の先生方による微に入り細を穿つ入念な感染拡大予防対策のもと、史上初の男女同時開催となり、全都道府県の代表選手が長野県に集結した。

基本的に、試合までの調整は、特別に意識してコントロールするということはしない、い方である。かといって「何をやってもいい」というようないい加減な生活をするわけではないが、夜更かしするときもあれば、ジャンキーな夕食になる日も普通にある。

もう二十年以上も競技してきていると、「試合だな〜」となんとなく考えているだけで、身体は勝手に調整されていく。いや、学生時代もそう変わりなかったか。たとえば、体調は、大事な試合に向けて悪くなることがない。月経が大事な試合に重なったこともない。十代のころから、そんなことは、当たり前だった。そこがズレる（本番に体調が万全でない）時というのをちょっと言語化してみると、自分に自信がないがそのことを自覚したくないとき、もしくは、意識して何かコントロールしようとした（つまりやっぱり自信がない！）時だと思っている。

全日本選手権まで、今回も、体調が崩れるというようなことはなかった。稽古量は十分には確保できなかったが、付き人を務めてくれたり、関係者として駆けつけてくれた友人たちのおかげで、なにも不都合なく当日は試合に集中できた。大会終了後、その日のうちに長野を発った。「あぁ、とりあえず無事に終わった」と肩の力が抜けた感じがした。自分の試合については、反省も課題もいろいろと思いがあったが、とにかくほっとしたところが大きかった。

そんな安堵もつかの間、友人が運転する車の助手席で、くしゃみが止まらなくなったのは、出発してから一〇分もしないうちだった。そこから、鼻水もとまらなくなり、結果、新潟までの三時間ほどの道のりの間中ずっと、ぐずぐずで、まともに話もできない状況だった。理由は他でもない、おそらく、いや間違いなく花粉症である。途中で抗アレルギーの薬を飲んだが、そんなもので収まる症状ではなかった。

だいたい、大きな大会が終わるとリバウンドがある。それは筋肉痛だったり、風邪だったり、ぼーっとして頭がはたらかなかったり、症状はその時による。一見、元気に仕事はできるが身体にはどっと症状が出る、ということが多い。今回は、まさかの花粉症だった。それほどに、気を張り、身体が全身で試合に向けて調整されている状態を、現役の選手たちはシーズンごとに過ごしていることを、改めて体験的に実感した。

今大会は無観客だったため、テレビやネットで全世界に配信されてしまった。大会後、剣道なんて知らないはずなのに、たくさんの同僚の先生や事務の方から『お疲れさまでした。オンライン配信の試合を見ましたよ』と声をかけていただき、その言葉に癒され、また大きなエネルギーをいただいた。花粉症は翌日まではずるずるしていたが、そうして心が元気になると、まただいぶ症状は治まった。不思議というか、いや、わかりやすいというか。

それでも、症状が出た時がどうにも辛くて、ついに先週、紹介してもらったクリニックに行き、花粉症で診察を受けた。処方していただいた薬で、普段でも試合後でも、この先少なくとも花粉症からは解放されることを願いながら、ちょっとこれから、久しぶりに稽古してこようと思う。

おわりの前に

中島 登子

女子ソフトボール選手権の試合でのことです。大きな大会の準々決勝でした。

0対0で六回表、ワンアウトランナーなし、五番バッターが四球を選んで出塁します。

この試合はじめてのチャンス！　緊張の面持でバッターボックスに向かう六番バッター。

——さて、あなたが監督（コーチ・同僚・先輩・観衆……）だったら、彼女にどのような声を掛けますか（考えてみてください）？

で、実際に掛けられた声はというと……

『ここだ、ここしかない！』『ここでやるんだ！』『後はないんだよ！』——ジョーダンじゃないのです。すべてが、遠慮なく味方からバリバリに緊張感を高めてくるのです。観客席から見ていた私には、電撃が走りました。結果はというと、右中間に二塁打。それはこの試合唯一の外野へ飛んだ打球でした。1対0で勝利を得ました。そして優勝します。八年連続の日本一です。

実はこの後、私はこのチームに限りない魅力を感じて、入職することになります。そして、「こういうときにリラックスなんてのはありえない」ということがわかりました。緊張を高めて最高の結果を導く、という理屈が体験的にわかりました。もちろん、その方法も、意味も、体感しました。

ある学会のシンポジウムでのこと。十年以上も前のことです。私も演者の一人でした。フロア参加者の高校生アスリートが、主賓の一人の世界一のアスリートに、こんな質問をしました――「試合のとき、自分は緊張しやすいほうで、なかなか勝てません。どのようにしたら、緊張しないでリラックスして試合にのぞめますか？」――答え《&×$＋%#？¥&＊%#！》――つまり「リラックスしたら勝てませんよ」というお話です（最近のスポーツ心理学の教科書にも載っているとのこと――三十五年たってようやく私の危険思想が受け入れられたのかな！）。

一般的にはまだまだ、この高校生君のように「リラックスした方が成績が出る」とか「力を出せる」とか、考えられているのではないでしょうか。程度の問題というのもあるかもしれません。すぐ緊張してしまう人は仕方ないですが、実はリラックスしていると日常の力しか出ませんよね。

常勝のチームでは、相当の緊張感のなかで最高のパフォーマンスを出す練習を、日常やっているのですね。そして、そんな緊張感で長い練習は不可能なので、必然的に、トップチームは全体の練習時間は短くなるわけです。必要な練習は、言われなくとも個人でするわけですから。

＊＊＊

最近、「正しいこと」が全ての問題を解決するように思っている（それはそれで間違ってはいないのでしょうけれど……）人びとが多すぎるように思います。それはアブナイ思想だと感じています。私ども元アスリートの思想よりはるかに全体主義的で、宗教性を帯びているように感じてしまいます。

科学的に正しい、と言われると、ほとんどの人が信じてしまう。そんな強力な力を持つこの世界観に対して、実はアスリートは「正しいことは役に立たない！」と身をもって証明する存在ではないか、と私は思っているのですが……いかがでしょう？

臨床心理学者の先達、故・河合隼雄先生でした……「正しいことは役に立たない」と言われたのは。これを聴いたとき、私は感動しました。アスリートと同じではないか！と。感動した私は、河合先生がおられた京都大学へ内地留学しました。

若いとき（？）はアスリートも、正しいことを求める存在です。科学的であることを求めます。ある時期は狂信的と言ってよいほど科学志向が強いのは、私どもも例に漏れません。しかし、アスリートとして競技を続けているうちに、「科学的」とか「正しい」とかと言われていることだけではどうにもならないことがあると、わかってくるのです。

何をやっても勝つことがあります。トーナメントの仕組から、何をやっていても、どんなチームでも、一度だけなら優勝できるでしょう。でも、勝ち続けるにはそれでは不足なので、「勝つために」を、ひたすら求め続けることになります。そうして長く競技生活を続けていると、神の存在を少しは信じるようになります。運とか風向きとか勝利の女神と表現されるものですね……。

＊＊＊　＊＊＊

本文にもあるように、目が見えなくなったり何も聞こえなくなったり、今まで出来ていたことが急に出来なくなったり、訳がわからない状態で仲間に助けられる（あるいは捨て置かれる）多くのアスリートに出逢ってきたことで、学んだことは多くあります。身体にさまざまなことが生じる（露わになる）ことは「あたりまえ」と感じながら二十年を超えて一線で競技をしてきた経験から言えることは、確かにあるのです。

心理臨床家としての自分自身の成長過程で、長く教育分析を受けてきましたが、初めの頃、夢に《以前、来たことがある道で……》とか、《二度目（何度目か）だけど……』とか、《前にもあったことで……》というシーンが頻繁に出てきて、分析家からその都度『どう思う？』と聞かれたものでした。数年も続けて出てきていて、「これはひょっとしてアスリートだった時の経験？　重なるの？」と考え始めてからまた数年して、夢に出なくなりました。そのころ、アスリートとしての経験は分析体験と等価の部分があるんだな、と気づき始めたのでした。

自分探し、とはよく言ったものです。ライバルのことを考えて頑張るのは高校時代まで。世界一を目指した大学生から社会人にかけては、自分のこと（技術を高めること）しか考えていませんでした。引退して社会人の監督（プレイングマネージャー）になったときは、「チームにとって何がいいのか」「どうすれば優勝できるか」しか考えない、それはまさしく自分自身の在り方の考察でした。

自分を鍛えることは楽しかったし、やりがいもありました。自分の成長が止まって見えたときは心底悲しく、ひたすら自分の気持のブレを反省し、弱気を恨み、強気を疎み、人の好さを悔いたものです。かといって、他人を裏切って勝つなどもってのほか。まっすぐに自分の信じる道を貫く、ということになるのでしょう。

＊＊＊　＊＊＊　＊＊＊

さて、最後まで読んでくださった「一般人」（一一七頁にそんな言葉が…）の皆様、どう味わっていただいたでしょうか？　少しはアスリートの素顔が見えましたでしょうか？

私どもの仲間の真っ直ぐな生き様をご紹介したことで、スポーツの魅力が広がったとしたら、とても嬉しいことです。また、これからアスリートとして生きてゆこうとする若い皆さんには、「半端なく厳しい世界ですが、やりがいのあるところなので、勇気と覚悟をもって自分探しをしてください」とエールを送りたい!!　そして、アスリートを自認する皆様におかれましては、「もっと厳しいよ」とか「そんなことはないよ」と思われることもあるかもしれません。どうぞ笑ってお許しください。これらは実際に私どもが経験したことなので。

最後に、著者たちで述べ合った感想をここに記しておきます。

『「サッカーあるある」とか、まだまだ山ほど出るよね！』

『「剣道あるある」も山ほど…でも、書けるかなぁ……』（私どもにも忖度はあります、少しは……）

第二弾に乞うご期待！

あとがき

この企画、実は全く違う方向性で始まったものでした。その後、一年間眠らせて熟成させているうちに変質して書籍となったものを、お手にとっていただいた次第です。他人様の目に触れることが可能となったことを、たいへんありがたく感じます。

ご承知のとおり、大人になると正直すぎるのはいけません。そういう意味で、これは実に危険な本です。正直すぎて危険な本が誕生するまでのお話を……よろしいでしょうか。

アスリートの世界の内幕や日常の本音を伝えるにしても、品格を落とさずに、なおかつ正直に語るには、それなりの覚悟と配慮が必要でした。ここに並々ならぬエネルギーをかけて、エピソードを提供してくださった十四名の著者には、心の底から感謝しています。

「著者名を出せないけど書いて頂けませんでしょうか」という失礼な注文に、快く承諾してくださいました。

皆で本を作ろうということで、私のファミリーが寄って集って、さまざまなかたちで本作りに参加して助けてくれました。本書のあちらこちらで重要な役割をしてくれています。イラストも、章題の文字もそうです。実はこのファミリーのなかに一人だけ、アスリートではない人がいるのですが、おわかりになりますでしょうか？

この本の生命線になる思い切った要求（多種目、心理臨床家、高いレヴェル、という三つのハードル）を携えて企画を木立の文庫の津田社長と話し合ったのは、京都に出版社が誕生した秋、鷹峯の麓の静かなサロンでした。コーヒーをすすりながら、なんとも不思議な出逢いでしたね。今は、この出逢いにとても感謝しています。

この本、ほんとうは昨年に出ているはずでしたが、新型コロナウイルスの感染拡大もあって、お蔵入りとなる運命に見舞われそうになりました。それがこうして復活したのは、ひとえに著者全員のアスリート独特のエネルギーがあってこそです。そして、編集者としての津田敏之さんのあきらめないしぶとさがなければ、到達点までたどり着かなかった企画に違いありません。最後になりますが、本気で感謝の気持を伝えたいと思います。

三年前の会合が実を結ぶ日が実際にこようとは……という不思議な感覚ですが、元アスリートらしく、この奇跡を当然のような顔をして受け入れ、皆で楽しむことにしましょうか。アスリート万歳!!

浜松にて　令和三年 四月吉日

中島 登子

著者プロフィール

50音順。氏名／最終学歴／種目名／出身地につづけて、戦績として（出場・不出場に限らず）所属期間中の所属団体の最高成績を（学校の場合は学籍がある限り選手登録の有無に関わらず）記入している。個人戦績の特記事項・代表歴、および少年団、クラブ、道場、各連盟主催、中体連、高体連、学連主催行事相当の大会については記載した。なお、大会名は省略している場合がある。所属と職位は2021年4月現在のもの。

内田晋子《うちだ くにこ》

常葉大学大学院／ホッケー／京都府
全国高校選抜ホッケー大会準優勝、全日本大学ホッケー王座決定戦優勝ほか、U-21日本代表
平安女学院大学助教／臨床心理士

齊藤 茂《さいとう しげる》

常葉大学大学院／サッカー／長野県
全日本ユース選手権出場（松本深志高校）／指導歴：全日本大学選手権、総理大臣杯全日本大学サッカートーナメント出場（松本大学）
松本大学准教授／臨床心理士

坂中尚哉《さかなか なおや》

神戸大学大学院／サッカー／兵庫県
高校総体ベスト8（滝川第二高校）、全日本大学サッカー連盟主催デンソーカップ第3位（関西A代表）（関西外国語大学）
香川大学大学院准教授／臨床心理士

澁川賢一《しぶかわ けんいち》

浜松大学大学院／サッカー／千葉県
全日本クラブジュニアユース選手権準優勝（ジェフ市原U-15）、Jユースカップ3位（ジェフ市原U-18）／指導歴：天皇杯全日本サッカー選手権大会準優勝、高円宮杯サッカー全日本ユース選手権準優勝（ジュビロ磐田）ほか
東邦大学准教授／臨床心理士

田口多恵《たぐち たえ》

浜松大学大学院／バスケットボール／岐阜県
心理（サポート）／スタッフ：複数種目において高校総体優勝・国体優勝・高校選抜優勝など
愛知学院大学心理臨床センター／臨床心理士

中島法子《なかじま かずこ》

浜松大学大学院／剣道／奈良県
県大会個人準優勝（奈良習心館道場）、九州大会団体優勝（熊本清水中）、県大会団体優勝（鹿児島直心館道場）
愛知学院大学臨床心理センター／臨床心理士

中島登子《なかじま とうこ》
日本体育大学大学院／ソフトボール／大阪府
全日本総合選手権準優勝、大学選手権優勝、世界大学選手権準優勝、第1回東西対抗出場（日本体育大学）、全日本一般女子準優勝、日本リーグ選抜、日本選抜（髙島屋大阪）
渓蓀塾心理教育相談室／臨床心理士

中島郁子《なかじま ふみこ》
筑波大学大学院／剣道／奈良県
高校総体優勝、九州選抜優勝（阿蘇高校）、第1回学生東西対抗出場、全日本女子学生選手権出場、全日本女子学生剣道優勝大会ベスト8（浜松大学）、全日本選手権、全国教職員、国体出場（新潟県）
新潟医療福祉大学助教／臨床心理士

本間徳子《ほんま のりこ》
常葉大学大学院／空手／愛知県
東海地区高専体育大会優勝（豊田高等専門学校）
翻訳業／臨床心理士

前田 章《まえだ あきら》
佛教大学大学院／ラグビー／大阪府
全日本大学選手権出場（大阪体育大学）
愛知学院大学学生相談センター／臨床心理士

松井幸太《まつい こうた》
兵庫教育大学大学院／サッカー／埼玉県
クラブユースサッカー選手権（U-18）埼玉県大会準優勝（西武フットボールクラブ）、全国社会人サッカー選手権出場（飯能ブルーダー）、全日本大学選手権優勝（筑波大学）
関西国際大学准教授／臨床心理士

森岡貴久《もりおか たかひさ》
浜松大学大学院／ヨット／愛知県
国体（少年男子）2位（愛知県）、全日本学生ヨット選手権6位（鹿屋体育大学）、国体（成年男子）出場（鹿児島県）
つくば開成国際高校教員／臨床心理士

山本幸代《やまもと さちよ》
浜松大学大学院／剣道／熊本県
全日本女子学生剣道優勝大会優勝（鹿屋体育大学）
NPO法人 K-son's Partner／臨床心理士

吉村 功《よしむら こう》
筑波大学大学院／剣道／山口県
山口県大会個人準優勝（国府中）、山口県高校総体個人・団体優勝（防府高校）、全日本学生剣道優勝大会準優勝（筑波大学）
北海道教育大学教授函館校

編者紹介

中島登子（なかじま・とうこ／本名：中島登代子）

一九八二年、日本体育大学大学院体育学研究科修了。鹿屋体育大学助教授、浜松大学・常葉大学大学院教授を経て、現在、溪蓀塾臨床心理研究所主宰。女子ソフトボールでは、選手・指導者として優勝多数。当時の両雄である日本体育大学と髙島屋（十年連続全日本覇者）に籍を措く。全日本プレーヤー経験から、アスリートの深層心理に啓かれ、引退後、河合隼雄氏在職中の京都大学に内地留学、岡田康伸氏・山中康裕氏に師事する。日本臨床心理身体運動学会を創立。現在、夢分析家として心理臨床活動。舞台芸術やトップアスリートとも関わっている。臨床心理士。日本臨床心理身体運動学会 副会長。

編著に『心理療法の第一歩』〔創元社・二〇一七年〕、共編著に『スポーツ学の視点』〔昭和堂・一九九六年〕、『揺れるたましいの深層』〔創元社・二〇一二年〕がある。共著・分担執筆に『身体教育のアスペクト』〔道和書院・一九九三年〕、『コーチングの心理Q＆A』〔不昧堂出版・一九九八年〕、『スポーツ心理学事典』〔大修館書店・二〇〇八年〕ほか。

kodachi no bunko

素顔のアスリート

2021年5月10日　初版第1刷発行

編　者　中島登子

発行者　津田敏之

発行所　株式会社 木立の文庫
〒600-8449　京都市下京区新町通松原下る富永町107-1
telephone 075-585-5277　facsimile 075-320-3664
https://kodachino.co.jp/

本文挿画　高木紀子・山本幸代
章扉題字　中島郁子

造　本　中島佳那子
印刷製本　亜細亜印刷株式会社

ISBN978-4-909862-19-8　C0075
© Touko NAKAJIMA 2021 Printed in Japan